NCS

한국
수목관리원

직업기초능력검사 및 인성검사

KB090908

PREFACE

우리나라 기업들은 1960년대 이후 현재까지 비약적인 발전을 이루었다. 이렇게 급속한 성장을 이룰 수 있었던 배경에는 우리나라 국민들의 근면성 및 도전정신이 있었다. 그러나 빠르게 변화하는 세계 경제의 환경에 적응하기 위해서는 근면성과 도전정신 이외에 또 다른 성장 요인이 필요하다.

최근 많은 공사·공단에서는 기존의 직무 관련성에 대한 고려 없이 인·적성, 지식 중심으로 치러지던 필기전형을 탈피하고, 산업현장에서 직무를 수행하기 위해 요구되는 능력을 산업부문별·수준별로 체계화 및 표준화한 NCS를 기반으로 하여 채용공고 단계에서 제시되는 '직무 설명자료'상의 직업기초능력과 직무수행능력을 측정하기 위한 직업기초능력평가, 직무수행능력평가 등을 도입하고 있다.

한국수목관리원에서도 업무에 필요한 역량 및 책임감과 적응력 등을 구비한 인재를 선발하기 위하여 고유의 직업기초능력검사를 치르고 있다. 본서는 한국수목관리원 채용대비를 위한 필독서로 한국수목관리원 필기시험의 출제경향을 철저히 분석하여 응시자들이 보다 쉽게 시험유형을 파악하고 효율적으로 대비할 수 있도록 구성하였다.

신념을 가지고 도전하는 사람은 반드시 그 꿈을 이룰 수 있습니다. 처음에 품은 신념과 열정이 취업 성공의 그 날까지 빛바래지 않도록 서원각이 수험생 여러분을 응원합니다.

STRUCTURE

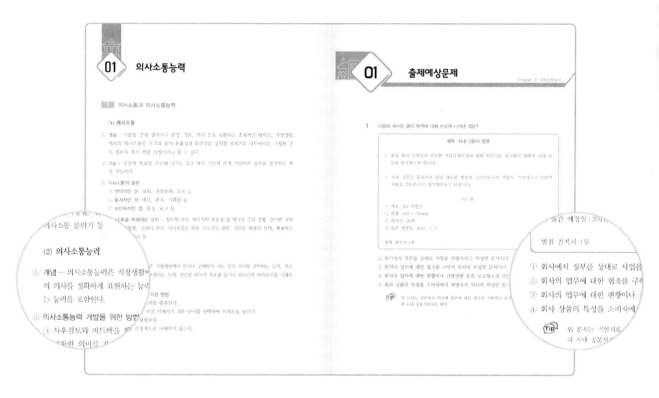

핵심이론 정리

직업기초능력평가에 대해 핵심적으로 알아야 할 이론을 체계적으로 정리하여 단기간에 학습할 수 있도록 하였습니다.

출제예상문제

적중률 높은 영역별 출제예상문제를 상세하고 꼼꼼한 해설과 함께 수록하여 학습 효율을 확실하게 높였습니다.

인성검사 및 면접

인성검사의 개요와 실전 인성검사로 인성검사에 대비 할 수 있습니다. 또한 성공취업을 위한 면접의 기본과 면접 기출을 수록하여 취업의 마무리까지 깔끔하게 책임집니다.

CONTENTS

PART

I

한국수목관리원 소개

01 기업소개 및 채용안내

1 기업소개

(1) 개요

① **설립목적** … 수목유전자원의 보전 및 자원화를 위해 기후 및 식생대별로 조성한 국립수목원을 운영 · 관리

② **주요연혁**

시기	내용
2016. 12. 02.	「수목원 · 정원의 조성 및 진흥에 관한 법률」 개정 · 공포 → 한국수목관리원 설립 근거 마련(제18조의4)
2017. 05. 17.	한국수목원관리원 설립 법인 등기 임시개원
2017. 10. 27.	2017 국립백두대간수목원 국제심포지엄 개최
2018. 02. 06.	한국수목원관리원 기타 공공기관 신규 지정
2018. 05. 03.	국립백두대간수목원 개원식 개최
2020. 02. 05.	공공기관 지정 변경(기타공공기관 → 위탁집행형 준정부기관)

③ **주요기능**

　㉠ 기후 및 식생대별 국립수목원의 운영 및 관리

　㉡ 정부조직인 국립수목원 수행사업에 대한 보조 및 지원

　㉢ 수목유전자원의 효율적인 관리를 위한 산림생물의 보전 및 활용

　㉣ 수목원 진흥에 필요한 정보 및 정보시스템 등의 관리 · 제공

　㉤ 수목원 관련 교육프로그램의 개발 · 보급

　㉥ 수목원 전문인력 양성에 관한 사업

　㉦ 한국수목원관리원의 운영재원 충당을 위한 수익사업

　㉧ 수목원정원법 제6조에 따른 수목원 진흥 기본계획 수립을 위한 기초조사

　㉨ 다른 법령에서 한국수목원관리원이 수행할 수 있도록 한 사업

　㉩ 국가, 지방자치단체 또는 그 밖의 기관으로부터 위탁받은 사업

　㉪ 한국수목원관리원의 사업 목적을 달성하기 위하여 필요하다고

　㉫ 산림청장이 인정하는 사업

(2) 미션 및 비전

① **미션** … 산림생물자원의 수집 · 보전과 활용을 통한 자원적 가치 증진 및 국민 삶의 질 향상

② **핵심가치** … 고객중심, 상생협력, 최고지향, 창의혁신

③ **비전** … 지속 가능한 산림생물자원의 가치를 창출하는 글로벌 수목원 선도기관

(3) 5대 전략목표 및 15대 전략과제

5대 전략목표	15대 전략과제
최고수준의 수목원서비스 제공	• 다양한 주제 전시원 조성 및 관리 • 고품질의 교육프로그램 개발 및 운영 • 시설환경 및 정보 인프라 서비스 개선 • 관람서비스 역량 제고 및 안전관리 강화
산림생물다양성 보전 강화	• 아시아를 선도하는 야생식물 종자 보전체계 구축 • 백두대간 산림의 체계적 보전 연구 • 기후변화 대응 산림생물 보전 전략마련
산림생물자원의 활용선도	• 산림생물자원의 유용성 발굴 및 산업화 연구 • 산림생물자원의 안정적 증식 · 공급
열린 혁신을 통한 사회적 가치 실현	• 참여와 소통에 기반한 혁신체계 구축 • 기관 고유업무의 공공성 제고 및 사회적 책임 이행 강화 • 일자리 중심의 사회적 경제 기반 마련
지속가능한 역동적 조직역량 제고	• 유연한 조직문화 조성 및 윤리경영 강화 • 안정적 기관 운영기반 구축 • 수목원 인지도 제고를 위한 대외 홍보 강화

(1) 인재상

① **전문지식(Knowledge)** … 전문성을 바탕으로 수목유전자원을 보전하고 가치를 증진하는 인재

② **혁신적 사고(Innovative idea)** … 유연하고 창의적인 사고로 혁신을 선도하는 인재

③ **고객지향(Attractive service)** … 최고의 수목원 서비스로 고객감동을 실현하는 인재

④ **도덕성·윤리성(Morality and ethics)** … 건전한 윤리관과 도덕성으로 사회적 가치를 실현하는 인재

(2) 채용안내[2020년 제2차 신규직원(일반직·전시직) 공개채용 기준]

① 직급별·직렬별 채용예정 인원

구분	합계 (명)	3급	4급	5급	
				가	나
총계	40	10	14	27	−
일반직	22	5	6	11	−
전시직	18	3	5	10	−

② 직렬별·직급별 채용자격 공통기준

구분	직급	직급별 자격기준
일반직 전시직	3급	• 정부, 공공기관, 사기업 등에서 채용예정 직무 관련 7년 이상 경력이 있는 자 • 변호사, 변리사, 공인회계사·세무사·공인노무사, 기술사 등 자격을 취득한 자 • 기타 이와 동등한 자격이 있다고 인정되는 자
	4급	• 정부, 공공기관, 사기업 등에서 채용예정 직무 관련 3년 이상 경력이 있는 자 • 기타 이와 동등한 자격이 있다고 인정되는 자
	5급 가	• 채용예정 직무를 수행할 수 있다고 인정되는 자

※ 상기 학위사항은 공고일 기준 취득자에 한함(졸업 예정자는 인정하지 않음)
※ 일반직·전시직 3급 자격기준에 의사, 한의사, AICPA(미국공인회계사)를 포함
※ 직급별로 "기타 이와 동등한 자격이 있다고 인정되는 자"는 상위 직급 지원자격 충족을 의미

③ 채용예정 직무분야

㉠ 3급

채용직무	직렬	직무 내용
기획총무	일반	• 경영기획, 성과평가 관리, 인사·노무, 총무 등
대외협력	일반	• 대외기관 협력 및 마케팅에 관한 중·장기 및 연도별 계획 수립 • 국제행사 유치·협력, 국내외 네트워크(MOU, MOA 등) 구축 및 운영 등
정보화 운영	일반	• 정보화사업 총괄, 정보시스템 구축 및 운영 • 정보보안, 개인정보보호 총괄 및 관리실태 평가 대응 등
고객서비스	일반	• 방문자센터(안내센터) 운영 및 탐방 예약 및 가이드에 관한 업무 • 고객의 민원 및 애로사항 수렴업무 등 고객서비스실 업무 등
안전관리	일반	• 고객 관람 안전 중장기 계획 수립 및 시행에 관한 업무 • 안전 및 보건에 관한 계획 수립 등에 관한 업무 등
교육서비스	전시	• 기관 교육 서비스 향상을 위한 중장기 발전방향 수립·운영 • 전문인력양성 및 고객 교육 서비스 향상 프로그램 기획 및 운영 등 교육서비스실 업무 등
분재관리	전시	• 분재유지 및 관리, 희귀특산식물 증식·보존·전시에 관한 사항, 신기술 개발 • 분재 및 희귀특산식물 활용 전시, 교육프로그램 개발 등
온실관리	전시	• 온실 관련 중·장기 발전 계획 수립, 식재계획 수립 및 도입 • 온실 유지·관리, 전시원관리실 업무 등

ⓛ 4급

채용직무	직렬	직무 내용
인재경영	일반	• 직원(정규직 및 공무직) 채용 업무 • 신규직원 인사 및 복무제도 운영 및 관리 등
재정운용	일반	• 수입 및 지출, 운영자금 관리에 관한 업무, 물품 및 공사 용역 등의 계약에 관한 업무 • 결산 및 세무, 회계 업무에 관한 업무, 임·직원보수 등 각종 급여지급에 관한 업무 등
시설관리(전기)	일반	• 시설물 유지·관리 및 안전점검 • 전기 관련 시설 운영 및 유지관리 등 시설정보운영실 업무
시설관리(토목)	일반	• 토목 분야 시설운영 및 유지관리, 시설정보운영실 업무 등
고객서비스	일반	• 방문자센터(안내센터) 운영 및 탐방 예약 및 가이드에 관한 업무 • 고객의 민원 및 애로사항 수렴업무 등 고객서비스실 업무 등
교육서비스	전시	• 기관 교육 서비스 향상을 위한 중장기 발전방향 수립·운영 • 전문인력양성 및 고객 교육 서비스 향상 프로그램 기획 및 운영 등 교육서비스실 업무 등
전시원관리	전시	• 전시원 관리, 시설물 관리 및 식물수집 및 DB관리 • 전시원 지구 조성, 관리 및 보완 등 전시원관리실 업무 등
식물증식양묘	전시	• 중·장기 식물 대량증식·양묘 기법 개발 및 식물조직 이용 대량증식 • 식물 증식기술 보급을 위한 교육 프로그램 개발 등 식물양묘실 업무 등

ⓒ 5급 가(채용형 인턴)

채용직무	직렬	직무 내용
일반행정 (장애인 포함)	일반	• 경영기획, 성과평가 관리, 인사·노무, 총무, 결산·회계, 계약, 대외협력, 위탁업체 관리 및 마케팅 등 사무행정 전반
디자인	일반	• 디자인 프로그램을 활용한 가든 샵 제품, 조형물 디자인 기획, 도면 작성 및 관리, 트렌드 조사 등을 포함한 시설정보운영실 업무
정보보안	일반	• 정보보안 시스템 구축 및 운영 • 사이버침해사고 대응 및 모니터링 업무 등
정보화운영 (보훈대상)	일반	• 정보시스템 구축 및 운영 • 전산인프라(서버, 네트워크 등) 관리 및 개인정보보호 업무 등
고객서비스 (장애인)	일반	• 방문자센터(안내센터) 운영 및 탐방 예약 및 가이드에 관한 업무 • 고객의 민원 및 애로사항 수렴업무 등 고객서비스실 업무 등
안전관리	일반	• 고객 관람 안전 중장기 계획 수립 및 시행에 관한 업무 • 안전 및 보건에 관한 계획 수립 등에 관한 업무
교육서비스 (장애인 포함)	전시	• 기관 교육 서비스 향상을 위한 중장기 발전방향 수립·운영 • 전문인력양성 및 고객 교육 서비스 향상 프로그램 기획 및 운영 등 교육서비스실 업무 등
온실관리	전시	• 온실 관련 중·장기 발전 계획 수립, 식재계획 수립 및 도입 • 온실 유지·관리, 전시원관리실 업무 등
전시기획운영	전시	• 실내외 전시기획 및 운영 등 • 전시시설, 전시홍보물 등의 디자인 개발·제작·설치·유지 등 • 문화행사 기획 및 운영 등
식물증식양묘 (보훈대상 포함)	전시	• 중·장기 식물 대량증식·양묘 기법 개발 및 식물조직 이용 대량 증식 • 식물 증식기술 보급을 위한 교육 프로그램 개발 등 식물양묘실 업무 등

④ 전형내용

구분		평가항목		
		1차(서류)전형	2차전형	최종 면접전형
전형별 내용		전형별 평균 60점 미만(필기시험은 과목별 40점 미만 포함) 득점자는 불합격		
일반직 / 전시직	3급	7배수 선발	5배수 선발	1배수 선발
		경력사항, 자격증, 직무수행계획서 및 자기소개서	지원직무 관련 경험 및 경력 발표면접(다대1), 인성검사	직무발표, 구조화 면접 ※ 경험, 인성면접 포함
	전시기획운영, 디자인 (4~5급)	7배수 선발	5배수 선발	1배수 선발
		자격증, 직무수행계획서 및 자기소개서	지원직무 관련 경험 및 경력 발표면접(다대1), 인성검사 ※ 디자인은 포트폴리오 발표포함	토론면접, 구조화 면접 ※ 경험, 인성면접 포함
	4~5급	10배수 선발	5배수 선발	1배수 선발
		자격증, 직무수행계획서 및 자기소개서	직무상식시험, 직업기초능력검사, 인성검사	토론면접, 구조화 면접 ※ 경험, 인성면접 포함
	일반행정 (장애인 제외)	10배수 선발	5배수 선발	1배수 선발
		자격증, 영어시험, 직무수행계획서 및 자기소개서	직무상식시험, 직업기초능력검사, 인성검사	토론면접, 구조화 면접 ※ 경험, 인성면접 포함

⑤ 필기시험 배점 및 내용

㉠ 과목별 배정 및 문항 수

구분	배점	문항 수	평가내용
직무상식	50%	30문항	직무 관련 과목
직업기초능력검사	50%	40문항	의사소통능력, 문제해결능력, 대인관계능력, 조직이해능력
인성검사	부적격 시 불합격	270문항 (변경될 수 있음)	기본 인성 평가

※ 총점 60점, 과목별 총점의 40점 미만 득점자는 불합격 처리
※ 필기전형 문항 수는 기관 사정에 따라 조정될 수 있음

ⓛ 직무상식 출제범위

직무	출제범위
일반직	국어, 행정학, 경영학, 경제학
일반직(정보화, 정보보안)	데이터베이스론, 소프트웨어공학, 운영체계론
일반직(시설관리)	(토목) 토목시공, 토질 및 기초, 재료역학 (전기) 전기기기, 전력공학, 전기설비기준 및 판단기준
전시직	수목학, 조경학, 수목보호학
전시직(교육사업)	국어, 생물학, 수목학

02 관련기사

한국수목원관리원, 식물전문가 교육프로그램 모니터링 실시

산림청 산하 공공기관 한국수목원관리원은 체계적인 식물전문가 운영기반 마련을 위하여 2020년 전국 지자체에서 운영하는 식물전문가 교육프로그램 검증 모니터링 사업을 운영한다.

올해 전국 15개의 지자체에서 식물전문가 교육프로그램이 운영될 계획임에 따라, 4월부터 각 기관을 대상으로 프로그램 개설 시기에 맞추어 교육 기반 시설, 교과 과정, 교육생 선발 방법 및 강사 구성 등 운영 현황 모니터링과 교육생 만족도 설문조사 등을 실시할 예정이다.

또한, 교육생의 만족도를 향상시키고 실질적인 정원관리 활동을 도모하고자 전국 지자체 식물전문가 교육프로그램 교육 이수생들을 대상으로 정원실무 보수 교육을 운영할 예정이다. 보수 교육은 별도의 신청을 통하여 하반기 중에 각 35명씩 2회에 거쳐 국립세종수목원에서 시행할 예정이며, 운영 시기는 코로나19 상황에 따라 변동될 수 있다.

한국수목원관리원 김용하 이사장은 "본 사업을 통하여 교육생들의 전문 능력을 향상시킴으로써 교육수료 이후 일자리 및 봉사활동 등 지속적인 정원활동이 장려될 수 있도록 최선을 다하겠다."라며, "관련 교육운영 지자체나 운영기관이 교육운영기반을 확립하는 데 적극적인 지원으로 정원문화 확산에 기여하겠다."라고 밝혔다.

-2020. 4. 14.

면접질문 • 정원문화 확산을 위해 본원이 할 수 있는 일에 대해 말해 보시오.

한국수목원관리원, '스마트 가든' 시범 설치

산림청 산하 공공기관인 한국수목원관리원은 올해 산림청 신규사업인 스마트 가든 조성사업 본격 추진에 앞서 한국수목원관리원 소속기관인 국립백두대간수목원 방문자센터에 큐브 형태의 스마트 가든을 시범설치 했다고 밝혔다.

스마트 가든 조성사업은 생활SOC(Social Overhead Capital, 사회기반시설) 및 산업단지 대개조 협업사업 일환으로 산업단지와 일부 공공시설 등의 유휴공간 내 정원을 조성하는 사업으로 근로 환경 개선과 쾌적한 쉼터 제공을 목적으로 하고 있다.

산림청은 올해 300여개의 스마트 가든을 지자체에 지원하였으며 지자체는 산업단지를 중심으로 설치 대상 기업체를 선정 중이다. 사업장 내 실내공간에 박스 형태로 조성되는 큐브형 회의실, 휴게실 벽면을 활용하는 벽면형 2가지 형태로 조성되며, 자동관리시스템(자동관수시스템, 식물생장조명)을 통해 유지관리를 최소화할 계획이다.

한국수목원관리원은 지자체의 스마트 가든 조성사업 수행을 돕기 위해 스마트 가든 큐브형 가이드라인을 작성해 4월에 배포할 방침이며, 가이드라인에는 사업 추진절차, 제작 과업내역, 표준설계도서(도면, 산출내역서 등), 유지관리 방법 등을 담아 지자체의 이해를 도울 예정이다. 또한, 지자체의 사업이 완료된 이후에는 산업단지와 공공기관에 설치된 스마트 가든에 대한 모니터링을 통해 식물 및 자동관리시스템의 유지관리 지원을 하게 된다.

한국수목원관리원 김용하 이사장은 "스마트 가든이 산업단지 근로자와 공공시설 이용자의 휴식과 심신의 안정을 취할 수 있는 공간으로 거듭날 수 있도록 최선을 다하겠다."라며, "보다 많은 국민들이 가까이서 숲과 정원을 접할 수 있도록 다양한 사업을 운영하겠다."라고 말했다.

-2020. 4. 1.

면접질문 • 스마트 가든에 대해 아는 대로 말해 보시오.

PART

II

직업기초능력검사

01 의사소통능력

1 의사소통과 의사소통능력

(1) 의사소통

① 개념 … 사람들 간에 생각이나 감정, 정보, 의견 등을 교환하는 총체적인 행위로, 직장생활에서의 의사소통은 조직과 팀의 효율성과 효과성을 성취할 목적으로 이루어지는 구성원 간의 정보와 지식 전달 과정이라고 할 수 있다.

② 기능 … 공동의 목표를 추구해 나가는 집단 내의 기본적 존재 기반이며 성과를 결정하는 핵심 기능이다.

③ 의사소통의 종류
  ㉠ 언어적인 것 : 대화, 전화통화, 토론 등
  ㉡ 문서적인 것 : 메모, 편지, 기획안 등
  ㉢ 비언어적인 것 : 몸짓, 표정 등

④ 의사소통을 저해하는 요인 … 정보의 과다, 메시지의 복잡성 및 메시지 간의 경쟁, 상이한 직위와 과업지향형, 신뢰의 부족, 의사소통을 위한 구조상의 권한, 잘못된 매체의 선택, 폐쇄적인 의사소통 분위기 등

(2) 의사소통능력

① 개념 … 의사소통능력은 직장생활에서 문서나 상대방이 하는 말의 의미를 파악하는 능력, 자신의 의사를 정확하게 표현하는 능력, 간단한 외국어 자료를 읽거나 외국인의 의사표시를 이해하는 능력을 포함한다.

② 의사소통능력 개발을 위한 방법
  ㉠ 사후검토와 피드백을 활용한다.
  ㉡ 명확한 의미를 가진 이해하기 쉬운 단어를 선택하여 이해도를 높인다.
  ㉢ 적극적으로 경청한다.
  ㉣ 메시지를 감정적으로 곡해하지 않는다.

2 의사소통능력을 구성하는 하위능력

(1) 문서이해능력

① 문서와 문서이해능력

    ㉠ 문서 : 제안서, 보고서, 기획서, 이메일, 팩스 등 문자로 구성된 것으로 상대방에게 의사를 전달하여 설득하는 것을 목적으로 한다.

    ㉡ 문서이해능력 : 직업현장에서 자신의 업무와 관련된 문서를 읽고, 내용을 이해하고 요점을 파악할 수 있는 능력을 말한다.

예제 1

다음은 신용카드 약관의 주요내용이다. 규정 약관을 제대로 이해하지 못한 사람은?

> **[부가서비스]**
> 카드사는 법령에서 정한 경우를 제외하고 상품을 새로 출시한 후 1년 이내에 부가서비스를 줄이거나 없앨 수가 없다. 또한 부가서비스를 줄이거나 없앨 경우에는 그 세부내용을 변경일 6개월 이전에 회원에게 알려주어야 한다.
>
> **[중도 해지 시 연회비 반환]**
> 연회비 부과기간이 끝나기 이전에 카드를 중도해지하는 경우 남은 기간에 해당하는 연회비를 계산하여 10 영업일 이내에 돌려줘야 한다. 다만, 카드 발급 및 부가서비스 제공에 이미 지출된 비용은 제외된다.
>
> **[카드 이용한도]**
> 카드 이용한도는 카드 발급을 신청할 때에 회원이 신청한 금액과 카드사의 심사 기준을 종합적으로 반영하여 회원이 신청한 금액 범위 이내에서 책정되며 회원의 신용도가 변동되었을 때에는 카드사는 회원의 이용한도를 조정할 수 있다.
>
> **[부정사용 책임]**
> 카드 위조 및 변조로 인하여 발생된 부정사용 금액에 대해서는 카드사가 책임을 진다. 다만, 회원이 비밀번호를 다른 사람에게 알려주거나 카드를 다른 사람에게 빌려주는 등의 중대한 과실로 인해 부정사용이 발생하는 경우에는 회원이 그 책임의 전부 또는 일부를 부담할 수 있다.

① 혜수 : 카드사는 법령에서 정한 경우를 제외하고는 1년 이내에 부가서비스를 줄일 수 없어.

② 진성 : 카드 위조 및 변조로 인하여 발생된 부정사용 금액은 일괄 카드사가 책임을 지게 돼.

③ 영훈 : 회원의 신용도가 변경되었을 때 카드사가 이용한도를 조정할 수 있어.

④ 영호 : 연회비 부과기간이 끝나기 이전에 카드를 중도 해지하는 경우에는 남은 기간에 해당하는 연회비를 카드사는 돌려줘야 해.

답 ②

② **문서의 종류**

　　㉠ **공문서** : 정부기관에서 공무를 집행하기 위해 작성하는 문서로, 단체 또는 일반회사에서 정부기관을 상대로 사업을 진행할 때 작성하는 문서도 포함된다. 엄격한 규격과 양식이 특징이다.

　　㉡ **기획서** : 아이디어를 바탕으로 기획한 프로젝트에 대해 상대방에게 전달하여 시행하도록 설득하는 문서이다.

　　㉢ **기안서** : 업무에 대한 협조를 구하거나 의견을 전달할 때 작성하는 사내 공문서이다.

　　㉣ **보고서** : 특정한 업무에 관한 현황이나 진행 상황, 연구·검토 결과 등을 보고하고자 할 때 작성하는 문서이다.

　　㉤ **설명서** : 상품의 특성이나 작동 방법 등을 소비자에게 설명하기 위해 작성하는 문서이다.

　　㉥ **보도자료** : 정부기관이나 기업체 등이 언론을 상대로 자신들의 정보를 기사화 되도록 하기 위해 보내는 자료이다.

　　㉦ **자기소개서** : 개인이 자신의 성장과정이나, 입사 동기, 포부 등에 대해 구체적으로 기술하여 자신을 소개하는 문서이다.

　　㉧ **비즈니스 레터(E-mail)** : 사업상의 이유로 고객에게 보내는 편지다.

　　㉨ **비즈니스 메모** : 업무상 확인해야 할 일을 메모형식으로 작성하여 전달하는 글이다.

③ **문서이해의 절차** … 문서의 목적 이해→문서 작성 배경·주제 파악→정보 확인 및 현안문제 파악→문서 작성자의 의도 파악 및 자신에게 요구되는 행동 분석→목적 달성을 위해 취해야 할 행동 고려→문서 작성자의 의도를 도표나 그림 등으로 요약·정리

(2) 문서작성능력

① 작성되는 문서에는 대상과 목적, 시기, 기대효과 등이 포함되어야 한다.

② **문서작성의 구성요소**

　　㉠ 짜임새 있는 골격, 이해하기 쉬운 구조

　　㉡ 객관적이고 논리적인 내용

　　㉢ 명료하고 설득력 있는 문장

　　㉣ 세련되고 인상적인 레이아웃

③ 문서의 종류에 따른 작성방법

　㉠ 공문서
- 육하원칙이 드러나도록 써야 한다.
- 날짜는 반드시 연도와 월, 일을 함께 언급하며, 날짜 다음에 괄호를 사용할 때는 마침표를 찍지 않는다.
- 대외문서이며, 장기간 보관되기 때문에 정확하게 기술해야 한다.
- 내용이 복잡할 경우 '-다음-', '-아래-'와 같은 항목을 만들어 구분한다.
- 한 장에 담아내는 것을 원칙으로 하며, 마지막엔 반드시 '끝'자로 마무리 한다.

　㉡ 설명서
- 정확하고 간결하게 작성한다.
- 이해하기 어려운 전문용어의 사용은 삼가고, 복잡한 내용은 도표화 한다.
- 명령문보다는 평서문을 사용하고, 동어 반복보다는 다양한 표현을 구사하는 것이 바람직하다.

　㉢ 기획서
- 상대를 설득하여 기획서가 채택되는 것이 목적이므로 상대가 요구하는 것이 무엇인지 고려하여 작성하며, 기획의 핵심을 잘 전달하였는지 확인한다.
- 분량이 많을 경우 전체 내용을 한눈에 파악할 수 있도록 목차구성을 신중히 한다.
- 효과적인 내용 전달을 위한 표나 그래프를 적절히 활용하고 산뜻한 느낌을 줄 수 있도록 한다.
- 인용한 자료의 출처 및 내용이 정확해야 하며 제출 전 충분히 검토한다.

ⓔ 보고서
- 도출하고자 한 핵심내용을 구체적이고 간결하게 작성한다.
- 내용이 복잡할 경우 도표나 그림을 활용하고, 참고자료는 정확하게 제시한다.
- 제출하기 전에 최종점검을 하며 질의를 받을 것에 대비한다.

예제 3

다음 중 공문서 작성에 대한 설명으로 가장 적절하지 못한 것은?

① 공문서나 유가증권 등에 금액을 표시할 때에는 한글로 기재하고 그 옆에 괄호를 넣어 숫자로 표기한다.
② 날짜는 숫자로 표기하되 년, 월, 일의 글자는 생략하고 그 자리에 온점(.)을 찍어 표시한다.
③ 첨부물이 있는 경우에는 붙임 표시문 끝에 1자 띄우고 "끝."이라고 표시한다.
④ 공문서의 본문이 끝났을 경우에는 1자를 띄우고 "끝."이라고 표시한다.

---

④ 문서작성의 원칙
- ㉠ 문장은 짧고 간결하게 작성한다(간결체 사용).
- ㉡ 상대방이 이해하기 쉽게 쓴다.
- ㉢ 불필요한 한자의 사용을 자제한다.
- ㉣ 문장은 긍정문의 형식을 사용한다.
- ㉤ 간단한 표제를 붙인다.
- ㉥ 문서의 핵심내용을 먼저 쓰도록 한다(두괄식 구성).

⑤ 문서작성 시 주의사항
- ㉠ 육하원칙에 의해 작성한다.
- ㉡ 문서 작성시기가 중요하다.
- ㉢ 한 사안은 한 장의 용지에 작성한다.
- ㉣ 반드시 필요한 자료만 첨부한다.
- ㉤ 금액, 수량, 일자 등은 기재에 정확성을 기한다.
- ㉥ 경어나 단어사용 등 표현에 신경 쓴다.
- ㉦ 문서작성 후 반드시 최종적으로 검토한다.

⑥ **효과적인 문서작성 요령**

　㉠ **내용이해** : 전달하고자 하는 내용과 핵심을 정확하게 이해해야 한다.

　㉡ **목표설정** : 전달하고자 하는 목표를 분명하게 설정한다.

　㉢ **구성** : 내용 전달 및 설득에 효과적인 구성과 형식을 고려한다.

　㉣ **자료수집** : 목표를 뒷받침할 자료를 수집한다.

　㉤ **핵심전달** : 단락별 핵심을 하위목차로 요약한다.

　㉥ **대상파악** : 대상에 대한 이해와 분석을 통해 철저히 파악한다.

　㉦ **보충설명** : 예상되는 질문을 정리하여 구체적인 답변을 준비한다.

　㉧ **문서표현의 시각화** : 그래프, 그림, 사진 등을 적절히 사용하여 이해를 돕는다.

(3) 경청능력

① **경청의 중요성** … 경청은 다른 사람의 말을 주의 깊게 들으며 공감하는 능력으로 경청을 통해 상대방을 한 개인으로 존중하고 성실한 마음으로 대하게 되며, 상대방의 입장에 공감하고 이해하게 된다.

② **경청을 방해하는 습관** … 짐작하기, 대답할 말 준비하기, 걸러내기, 판단하기, 다른 생각하기, 조언하기, 언쟁하기, 옳아야만 하기, 슬쩍 넘어가기, 비위 맞추기 등

③ **효과적인 경청방법**

　㉠ **준비하기** : 강연이나 프레젠테이션 이전에 나누어주는 자료를 읽어 미리 주제를 파악하고 등장하는 용어를 익혀둔다.

　㉡ **주의 집중** : 말하는 사람의 모든 것에 집중해서 적극적으로 듣는다.

　㉢ **예측하기** : 다음에 무엇을 말할 것인가를 추측하려고 노력한다.

　㉣ **나와 관련짓기** : 상대방이 전달하고자 하는 메시지를 나의 경험과 관련지어 생각해 본다.

　㉤ **질문하기** : 질문은 듣는 행위를 적극적으로 하게 만들고 집중력을 높인다.

　㉥ **요약하기** : 주기적으로 상대방이 전달하려는 내용을 요약한다.

　㉦ **반응하기** : 피드백을 통해 의사소통을 점검한다.

예제 4

다음은 면접스터디 중 일어난 대화이다. 민아의 고민을 해소하기 위한 조언으로 가장 적절한 것은?

> 지섭 : 민아씨, 어디 아파요? 표정이 안 좋아 보여요.
> 민아 : 제가 원서 넣은 공단이 내일 면접이어서요. 그동안 스터디를 통해서 면접 연습을 많이 했는데도 벌써부터 긴장이 되네요.
> 지섭 : 민아씨는 자기 의견도 명확히 피력할 줄 알고 조리 있게 설명을 잘하시니 걱정 안하셔도 될 것 같아요. 아, 손에 꽉 쥐고 계신 건 뭔가요?
> 민아 : 아, 제가 예상 답변을 정리해서 모아둔거예요. 내용은 거의 외웠는데 이렇게 쥐고 있지 않으면 불안해서
> 지섭 : 그 정도로 준비를 철저히 하셨으면 걱정할 이유 없을 것 같아요.
> 민아 : 그래도 압박면접이거나 예상치 못한 질문이 들어오면 어떻게 하죠?
> 지섭 : _____

① 시선을 적절히 처리하면서 부드러운 어투로 말하는 연습을 해보는 건 어때요?
② 공식적인 자리인 만큼 옷차림을 신경 쓰는 게 좋을 것 같아요.
③ 당황하지 말고 질문자의 의도를 잘 파악해서 침착하게 대답하면 되지 않을까요?
④ 예상 질문에 대한 답변을 좀 더 정확하게 외워보는 건 어떨까요?

[출제의도]
상대방이 하는 말을 듣고 질문 의도에 따라 올바르게 답하는 능력을 측정하는 문항이다.
[해설]
민아는 압박질문이나 예상치 못한 질문에 대해 걱정을 하고 있으므로 침착하게 대응하라고 조언을 해주는 것이 좋다.

답 ③

(4) 의사표현능력

① **의사표현의 개념과 종류**

　㉠ 개념 : 화자가 자신의 생각과 감정을 청자에게 음성언어나 신체언어로 표현하는 행위이다.

　㉡ 종류
　　• 공식적 말하기 : 사전에 준비된 내용을 대중을 대상으로 말하는 것으로 연설, 토의, 토론 등이 있다.
　　• 의례적 말하기 : 사회·문화적 행사에서와 같이 절차에 따라 하는 말하기로 식사, 주례, 회의 등이 있다.
　　• 친교적 말하기 : 친근한 사람들 사이에서 자연스럽게 주고받는 대화 등을 말한다.

② **의사표현의 방해요인**

　㉠ **연단공포증** : 연단에 섰을 때 가슴이 두근거리거나 땀이 나고 얼굴이 달아오르는 등의 현상으로 충분한 분석과 준비, 더 많은 말하기 기회 등을 통해 극복할 수 있다.

- Ⓛ **말** : 말의 장단, 고저, 발음, 속도, 쉼 등을 포함한다.
- Ⓒ **음성** : 목소리와 관련된 것으로 음색, 고저, 명료도, 완급 등을 의미한다.
- Ⓔ **몸짓** : 비언어적 요소로 화자의 외모, 표정, 동작 등이다.
- Ⓜ **유머** : 말하기 상황에 따른 적절한 유머를 구사할 수 있어야 한다.

③ **상황과 대상에 따른 의사표현법**

- ㉠ **잘못을 지적할 때** : 모호한 표현을 삼가고 확실하게 지적하며, 당장 꾸짖고 있는 내용에만 한정한다.
- ㉡ **칭찬할 때** : 자칫 아부로 여겨질 수 있으므로 센스 있는 칭찬이 필요하다.
- ㉢ **부탁할 때** : 먼저 상대방의 사정을 듣고 응하기 쉽게 구체적으로 부탁하며 거절을 당해도 싫은 내색을 하지 않는다.
- ㉣ **요구를 거절할 때** : 먼저 사과하고 응해줄 수 없는 이유를 설명한다.
- ㉤ **명령할 때** : 강압적인 말투보다는 '○○을 이렇게 해주는 것이 어떻겠습니까?'와 같은 식으로 부드럽게 표현하는 것이 효과적이다.
- ㉥ **설득할 때** : 일방적으로 강요하기보다는 먼저 양보해서 이익을 공유하겠다는 의지를 보여주는 것이 좋다.
- ㉦ **충고할 때** : 충고는 가장 최후의 방법이다. 반드시 충고가 필요한 상황이라면 예화를 들어 비유적으로 깨우쳐주는 것이 바람직하다.
- ㉧ **질책할 때** : 샌드위치 화법(칭찬의 말 + 질책의 말 + 격려의 말)을 사용하여 청자의 반발을 최소화 한다.

┃ 예제 5

당신은 팀장님께 업무 지시내용을 수행하고 결과물을 보고 드렸다. 하지만 팀장님께서는 "최대리 업무를 이렇게 처리하면 어떡하나? 누락된 부분이 있지 않은가."라고 말하였다. 이에 대해 당신이 행할 수 있는 가장 부적절한 대처 자세는?

① "죄송합니다. 제가 잘 모르는 부분이라 이수혁 과장님께 부탁을 했는데 과장님께서 실수를 하신 것 같습니다."
② "주의를 기울이지 못해 죄송합니다. 어느 부분을 수정보완하면 될까요?"
③ "지시하신 내용을 제가 충분히 이해하지 못하였습니다. 내용을 다시 한 번 여쭤보아도 되겠습니까?"
④ "부족한 내용을 보완하는 자료를 취합하기 위해서 하루정도가 더 소요될 것 같습니다. 언제까지 재작성하여 드리면 될까요?"

[출제의도]
상사가 잘못을 지적하는 상황에서 어떻게 대처해야 하는지를 묻는 문항이다.

[해설]
상사가 부탁한 지시사항을 다른 사람에게 부탁하는 것은 옳지 못하며 설사 그렇다고 해도 그 일의 과오에 대해 책임을 전가하는 것은 지양해야 할 자세이다.

답 ①

④ 원활한 의사표현을 위한 지침

    ㉠ 올바른 화법을 위해 독서를 하라.

    ㉡ 좋은 청중이 되라.

    ㉢ 칭찬을 아끼지 마라.

    ㉣ 공감하고, 긍정적으로 보이게 하라.

    ㉤ 겸손은 최고의 미덕임을 잊지 마라.

    ㉥ 과감하게 공개하라.

    ㉦ 뒷말을 숨기지 마라.

    ㉧ 첫마디 말을 준비하라.

    ㉨ 이성과 감성의 조화를 꾀하라.

    ㉩ 대화의 룰을 지켜라.

    ㉪ 문장을 완전하게 말하라.

⑤ 설득력 있는 의사표현을 위한 지침

    ㉠ 'Yes'를 유도하여 미리 설득 분위기를 조성하라.

    ㉡ 대비 효과로 분발심을 불러 일으켜라.

    ㉢ 침묵을 지키는 사람의 참여도를 높여라.

    ㉣ 여운을 남기는 말로 상대방의 감정을 누그러뜨려라.

    ㉤ 하던 말을 갑자기 멈춤으로써 상대방의 주의를 끌어라.

    ㉥ 호칭을 바꿔서 심리적 간격을 좁혀라.

    ㉦ 끄집어 말하여 자존심을 건드려라.

    ㉧ 정보전달 공식을 이용하여 설득하라.

    ㉨ 상대방의 불평이 가져올 결과를 강조하라.

    ㉩ 권위 있는 사람의 말이나 작품을 인용하라.

    ㉪ 약점을 보여 주어 심리적 거리를 좁혀라.

    ㉫ 이상과 현실의 구체적 차이를 확인시켜라.

    ㉬ 자신의 잘못도 솔직하게 인정하라.

    ㉭ 집단의 요구를 거절하려면 개개인의 의견을 물어라.

    ⓐ 동조 심리를 이용하여 설득하라.

    ⓑ 지금까지의 노고를 치하한 뒤 새로운 요구를 하라.

    ⓒ 담당자가 대변자 역할을 하도록 하여 윗사람을 설득하게 하라.

    ⓓ 겉치레 양보로 기선을 제압하라.

    ⓔ 변명의 여지를 만들어 주고 설득하라.

    ⓕ 혼자 말하는 척하면서 상대의 잘못을 지적하라.

(5) 기초외국어능력

① 기초외국어능력의 개념과 필요성

    ㉠ **개념** : 기초외국어능력은 외국어로 된 간단한 자료를 이해하거나, 외국인과의 전화응대와 간단한 대화 등 외국인의 의사표현을 이해하고, 자신의 의사를 기초외국어로 표현할 수 있는 능력이다.

    ㉡ **필요성** : 국제화·세계화 시대에 다른 나라와의 무역을 위해 우리의 언어가 아닌 국제적인 통용어를 사용하거나 그들의 언어로 의사소통을 해야 하는 경우가 생길 수 있다.

② 외국인과의 의사소통에서 피해야 할 행동

    ㉠ 상대를 볼 때 흘겨보거나, 노려보거나, 아예 보지 않는 행동

    ㉡ 팔이나 다리를 꼬는 행동

    ㉢ 표정이 없는 것

    ㉣ 다리를 흔들거나 펜을 돌리는 행동

    ㉤ 맞장구를 치지 않거나 고개를 끄덕이지 않는 행동

    ㉥ 생각 없이 메모하는 행동

    ㉦ 자료만 들여다보는 행동

    ㉧ 바르지 못한 자세로 앉는 행동

    ㉨ 한숨, 하품, 신음소리를 내는 행동

    ㉩ 다른 일을 하며 듣는 행동

    ㉪ 상대방에게 이름이나 호칭을 어떻게 부를지 묻지 않고 마음대로 부르는 행동

③ 기초외국어능력 향상을 위한 공부법

    ㉠ 외국어공부의 목적부터 정하라.

    ㉡ 매일 30분씩 눈과 손과 입에 밸 정도로 반복하라.

    ㉢ 실수를 두려워하지 말고 기회가 있을 때마다 외국어로 말하라.

    ㉣ 외국어 잡지나 원서와 친해져라.

    ㉤ 소홀해지지 않도록 라이벌을 정하고 공부하라.

    ㉥ 업무와 관련된 주요 용어의 외국어는 꼭 알아두자.

    ㉦ 출퇴근 시간에 외국어 방송을 보거나, 듣는 것만으로도 귀가 트인다.

    ㉧ 어린이가 단어를 배우듯 외국어 단어를 암기할 때 그림카드를 사용해 보라.

    ㉨ 가능하면 외국인 친구를 사귀고 대화를 자주 나눠 보라.

출제예상문제

1 다음에 제시된 글의 목적에 대해 바르게 나타낸 것은?

제목 : 사내 신문의 발행

1. 우리 회사 직원들의 원만한 커뮤니케이션과 대외 이미지를 재고하기 위하여 사내 신문을 발간하고자 합니다.

2. 사내 신문은 홍보지와 달리 새로운 정보와 소식지로서의 역할이 기대되오니 아래의 사항을 검토하시고 재가해주시기 바랍니다.

－아 래－

㉠ 제호 : We 서원인
㉡ 판형 : 140 × 210mm
㉢ 페이지 : 20쪽
㉣ 출간 예정일 : 2017. 1. 1

별첨 견적서 1부

---

① 회사에서 정부를 상대로 사업을 진행하려고 작성한 문서이다.
② 회사의 업무에 대한 협조를 구하기 위하여 작성한 문서이다.
③ 회사의 업무에 대한 현황이나 진행상황 등을 보고하고자 하는 문서이다.
④ 회사 상품의 특성을 소비자에게 설명하기 위하여 작성한 문서이다.

> **Tip** 위 문서는 기안서로 회사의 업무에 대한 협조를 구하거나 의견을 전달할 때 작성하며, 흔히 사내 공문서라고도 한다.

2 다음 중 ㉠에 가장 어울리는 말은?

> 슈탈은 베커의 아이디어를 발전시켜 이 기름 성분의 흙을 플로지스톤이라고 명명하고 물질의 연소를 이 플로지스톤의 분리로 해석했다. 이 설은 17, 18세기를 통해 영향력이 대단했기 때문에 많은 과학자들은 새로운 현상이 발견되면 일단 플로지스톤으로 설명하려 들었다. 또 플로지스톤으로 설명이 잘 안 되면 억지로 새로운 성질을 부가하기도 했다. 예를 들어 ㉠금속과 같은 물질을 가열하면(태우면) 무게가 늘어나는 현상을 플로지스톤의 분리로는 잘 설명할 수 없었다. 왜냐하면 플로지스톤이 빠져 나왔는데 되레 무게가 는다는 것은 논리적이지 않기 때문이다. 그래서 머리를 짜낸 게 플로지스톤은 때때로 음(−)의 무게를 갖기도 한다고 편리한 대로 끼워 맞췄다. 오늘날의 관점으로 보면 어이없을 정도로 황당한 풀이지만 정교한 개념 체계가 잡혀 있는 것도 아닌데다 실험 데이터도 충분히 축적되지 않은 상태에서 아리스토텔레스의 '상식적인 역학'이 오랜 기간 지배했듯이 플로지스톤 이론도 상식선에서 별 잘못이 없어 보였으므로 강력한 반론이 제기되지 않고 있었다. 플로지스톤의 지지자들은 훗날 가벼우면서도 타기도 잘 타는 기체인 수소를 발견하자 이 기체야말로 바로 플로지스톤이라고 단정하기도 했다.

① 곡학아세(曲學阿世)

② 견강부회(牽强附會)

③ 인지상정(人之常情)

④ 좌정관천(坐井觀天)

 ㉠에는 기존의 가설에 맞지 않는 현상이 나타나자 그 현상을 설명할 수 있도록 아무런 실험과 검증 없이 이론을 끌어다 붙이는 태도가 나타나 있다. 이와 같이 가당치도 않은 말을 억지로 끌어다 대어 조리에 맞도록 하는 것을 뜻하는 말은 '견강부회(牽强附會)'이다.

Answer ☞ 1.② 2.②

3 다음 H공단의 사회공헌에 관한 자료를 읽은 독자의 반응으로 적절하지 않은 것은?

1. 공단의 사회공헌

H공단은 공공기관으로서 사회로부터 사랑받고 존경받는 공단 구현을 위하여 사회공헌을 경영전략의 중요한 부분으로 인식하고 사회공헌 3대 활동방향을 생명나눔, 재능나눔, 희망나눔으로 정하고 이를 전사적으로 전개하고 있습니다.

2. 사회공헌 비전 및 추진방향

사회적 요구	공단의 입장
• 국정과제 "국민이 주인의 정부" • 기관의 공공성 및 사회가치실현 강조	• 정부정책 연계, 공익사회 실현 • 공단의 역량(의료·복지)을 활용, 공유가치창출(CSV) • 사회적 가치창출 위한 신규 프로그램 지속 발굴

3. 사회공헌 목표

공유가치창출(CSV)로 지역사회 "행복한 섬김" 실천

4. 슬로건

"행복한 섬김으로 아름다운 세상을"
(국민에 대한 섬김 및 우리공단의 이미지를 부각하고, 소외된 이웃과 함께 실천과 나라사랑, 나눔사랑, 이웃사랑을 실천하여 행복하고 아름다운 세상이 열린다는 의미)

5. 사회공헌 3대 활동방향

생명나눔(의료봉사)	재능나눔(기부봉사)	희망나눔(지역사회봉사)
1. 해외의료봉사 2. 행복의료나눔 3. 사랑나눔 헌혈	1. 무료건강강좌 2. 장애인 일자리 체험 3. 장애인 스포츠 교실 4. 청소년 진로체험 교실 5. 국제·지역경기대회 의료지원 6. 지역아동을 위한 키다리센터 운영 7. 퇴직자(시니어) 의료봉사 8. 학교 밖 청소년 건강지킴이(시범)	1. 문화를 함께 즐겨요 2. 도농교류(1사1촌) 활동 3. 1사 1전통시장 방문 4. 사랑의 김장 후원 5. 사랑의 연탄 후원 6. 지역복지관 봉사활동 7. 다문화·새터민 등 후원 8. 저소득 아동·청소년 후원 9. 행복의류·PC 등 나눔

① 성윤 : 사회공헌에 대한 공단의 입장은 공유가치창출(CSV)을 강조하고 있어.

② 주선 : 슬로건의 '행복한 섬김'은 국민에 대한 섬김을 말하고 있어.

③ 모연 : 사회공헌 목표는 공유가치창출(CSV)로 지역사회 "행복한 섬김" 실천하는 것이야.

④ 우정 : 희망나눔은 의료봉사로 대표적 활동은 '사랑나눔 헌혈'이 있어.

 ④ 생명나눔은 의료봉사로 대표적 활동은 '사랑나눔 헌혈'이 있다. 희망나눔은 지역사회봉사의 성격을 지닌다.

┃4~6┃ 다음은 S공사의 정보공개제도에 관한 내용이다. 물음에 답하시오.

---

1. 정보공개제도
정보공개제도는 공공기관의 정보공개에 관한 법률에 따라 국민의 알 권리를 보장하고 국민의 참여와 운영의 투명성을 확보하기 위하여 공공기관이 보유한 정보를 국민에게 공개하는 제도이다.

2. 공개대상 정보
공개대상정보는 S공사가 직무상 작성 또는 취득하여 관리하고 있는 문서, 도면, 사진, 필름, 컴퓨터에 의하여 처리되는 매체 등에 기록된 정보들로 다음사항들은 제외된다.
ㄱ 법령에 의하여 비밀 또는 비공개 사항으로 분류된 정보
ㄴ 국가안전보장, 국방, 통일, 외교관계 등에 관한 사항으로서 공개될 경우 국가의 이익을 현저히 해할 우려가 있다고 인정되는 정보
ㄷ 공개될 경우 국민의 생명과 신체의 보호에 현저한 지장을 초래할 우려가 있다고 인정되는 정보
ㄹ 진행 중인 재판 등에 관련된 정보
ㅁ 감사, 감독, 검사, 시험, 규제, 입찰계약, 기술개발, 인사관리, 의사결정과정 또는 내부검토과정에 있는 사항 등으로써 공개될 경우 업무의 공정한 수행에 지장을 초래할 수 있는 정보
ㅂ 특정 개인의 사생활의 자유 또는 비밀을 침해할 우려가 있다고 인정되는 정보
ㅅ 법인, 단체 또는 개인의 영업상 비밀에 관한 정보
ㅇ 부동산 투기, 매점, 매식 등으로 특정인에게 재산상 이익 또는 불이익을 초래할 우려가 있는 정보

3. 정보공개 청구서의 처리
S공사는 정보공개 청구서를 접수한 날로부터 10일 내에 정보공개 여부를 결정하여 청구인에게 통보한다. 다만, 부득이한 경우 관련 법령에 의거 10일 이내에서 기간을 연장할 수 있다.

4. 공개방법
ㄱ 공개형태 : 열람/시청, 사본, 출력물, 전자파일, 복제/인화물, 기타
ㄴ 교부방법 : 직접방문, 우편, 모사전송, 전자우편, 기타

5. 불복구제절차
청구인은 정보공개와 관련하여 S공사가 비공개 결정을 한 경우 관계 법령이 정하는 바에 따라 이의신청 또는 청구하거나 행정소송을 제기할 수 있다.

6. 정보공개제도 자료
ㄱ 공공기관의 정보공개에 관한 법률 및 동법 시행령
ㄴ 정보공개 처리 세칙(관련 서식 포함)
ㄷ 정보공개 업무편람

4 제시된 S공사의 정보공개제도과 다른 내용은?

① 정보공개제도는 공공기관의 정보공개에 관한 법률에 따라 국민의 알 권리를 보장한다.

② 청구인은 정보공개와 관련하여 S공사가 비공개 결정을 한 경우 이의신청할 수 있다.

③ 특정인에게 재산상 이익 또는 불이익을 초래할 우려가 있는 정보는 공개대상정보가 될 수 있다.

④ 정보공개 청구서는 S공사가 청구서를 접수한 날로부터 10일 내에 정보공개 여부를 결정하여 청구인에게 통보한다.

 ③ 공개대상정보는 S공사가 직무상 작성 또는 취득하여 관리하고 있는 문서, 도면, 사진, 필름, 컴퓨터에 의하여 처리되는 매체 등에 기록된 정보들로 다음사항들은 제외된다.
ㄱ 법령에 의하여 비밀 또는 비공개 사항으로 분류된 정보
ㄴ 국가안전보장, 국방, 통일, 외교관계 등에 관한 사항으로서 공개될 경우 국가의 이익을 현저히 해할 우려가 있다고 인정되는 정보
ㄷ 공개될 경우 국민의 생명과 신체의 보호에 현저한 지장을 초래할 우려가 있다고 인정되는 정보
ㄹ 진행 중인 재판 등에 관련된 정보
ㅁ 감사, 감독, 검사, 시험, 규제, 입찰계약, 기술개발, 인사관리, 의사결정과정 또는 내부검토과정에 있는 사항 등으로써 공개될 경우 업무의 공정한 수행에 지장을 초래할 수 있는 정보
ㅂ 특정 개인의 사생활의 자유 또는 비밀을 침해할 우려가 있다고 인정되는 정보
ㅅ 법인, 단체 또는 개인의 영업상 비밀에 관한 정보
ㅇ 부동산 투기, 매점, 매식 등으로 특정인에게 재산상 이익 또는 불이익을 초래할 우려가 있는 정보

5 다음 중 정보공개방법 성격이 다른 하나는?

① 출력물   ② 인화물

③ 전자우편   ④ 전자파일

 공개방법
ㄱ **공개형태** : 열람/시청, 사본, 출력물, 전자파일, 복제/인화물, 기타
ㄴ **교부방법** : 직접방문, 우편, 모사전송, 전자우편, 기타

Answer ➝ 4.③   5.③

6 다음 중 정보공개제도 자료가 아닌 것은?

① 공공기관의 정보공개에 관한 법률

② 정보공개 처리 세칙

③ 정보공개 처리 세칙 관련 서식

④ 정보공개 업무 규제

 정보공개제도 자료
ⓐ 공공기관의 정보공개에 관한 법률 및 동법 시행령
ⓑ 정보공개 처리 세칙(관련 서식 포함)
ⓒ 정보공개 업무편람

7 다음 보도자료 작성 요령을 참고할 때, 적절한 보도자료 문구를 모두 고른 것은?

> 1. 인명과 호칭
> – 우리나라 사람의 경우
> • 우리나라 사람의 인명은 한글만 사용한다. 동명이인 등 부득이한 경우에만 괄호 안에 한자를 써준다.
> • 직함은 소속기관과 함께 이름 뒤에 붙여 쓴다.
> • 두 명 이상의 이름을 나열할 경우에는 맨 마지막 이름 뒤에 호칭을 붙인다.
> – 외국인의 경우
> • 중국·일본 사람의 이름은 현지음을 외래어 표기법에 맞게 한글로 쓰고 괄호 안에 한자를 쓴다. 한자가 확인이 안 될 경우에는 현지음을 쓴다.
> • 기타 외국인의 이름은 현지발음을 외래어 표기법에 맞게 한글로 작성하고 성과 이름 사이를 띄어 쓴다.
> 2. 지명
> • 장소를 나타내는 국내 지명은 광역시·도→시·군·구→동·읍·면·리 순으로 표기한다.
> • 시·도명은 줄여서 쓴다.
> • 자치단체명은 '서울시', '대구시', '전남도' 등으로 적는다.
> • 중국과 일본 지명은 현지음을 외래어 표기법에 맞게 한글로 작성하고 괄호 안에 한자를 쓴다.(확인이 안 될 경우에는 현지음과 한자 중 하나를 선택하여 작성한다.)
> • 외국 지명의 번역명이 통용되는 경우 관용에 따른다.

3. 기관 · 단체명
- 기관이나 단체 이름은 처음 나올 때는 정식 명칭을 적고 약칭이 있으면 괄호 안에 넣어주되 행정부처 등 관행화된 것은 넣지 않는다. 두 번째 표기부터는 약칭을 적는다.
- 기관이나 단체명에 대표 이름을 써야 할 필요가 있을 때에는 괄호 안에 표기한다.
- 외국의 행정부처는 '부', 부처의 장은 '장관'으로 표기한다. 단, 한자권 지역은 그 나라에서 쓰는 정식명칭을 따른다.
- 국제기구나 외국 단체의 경우 처음에는 한글 명칭과 괄호 안에 영문 약어 표기를 쓴 다음 두 번째부터는 영문 약어만 표기한다.
- 언론기관 명칭은 AP, UPI, CNN 등 잘 알려진 경우는 영문을 그대로 사용하되 잘 알려지지 않은 기관은 그 앞에 설명을 붙여 준다.
- 약어 영문 이니셜이 우리말로 굳어진 것은 우리말 발음대로 표기한다.

① '최한국 사장, 조대한 사장, 강민국 사장 등 재계 주요 인사들은 모두~'
② '절강성 온주에서 열리는 박람회는 ~'
③ '국제노동기구(ILO) 창설 기념일과 때를 같이하여 ILO 회원국들은 ~'
④ '버락오바마 미국 대통령의 임기는 ~'

① 두 명 이상의 이름을 나열할 경우에는 맨 마지막 이름 뒤에 호칭을 붙인다는 원칙에 따라 '최한국, 조대한, 강민국 사장을 등 재계 주요 인사들은 모두 ~'로 수정해야 한다.
② 중국 지명이므로 현지음을 한글로 외래어 표기법에 맞게 작성하고 괄호 안에 한자를 써야한다는 원칙에 따라, '절강성(浙江省) 온주(溫州)'로 수정해야 한다.
③ 국제기구나 외국 단체의 경우 처음에는 한글 명칭과 괄호 안에 영문 약어 표기를 쓴 다음 두 번째부터는 영문 약어만 표기한다는 원칙에 따라 올바른 표기이다.
④ 외국인의 이름은 현지발음을 외래어 표기법에 맞게 한글로 적고 성과 이름 사이를 띄어 쓴다는 원칙에 따라 '버락 오바마 미국 대통령의 임기는 ~'로 수정해야 한다.

Answer ⤑ 6.④ 7.③

8 다음은 A공단 인권경영 선언문이다. 밑줄 친 단어의 의미로 적절하지 않은 것은?

〈A공단 인권경영 선언문〉

우리는 최상의 서비스를 통해 국민 삶의 질 향상에 앞장서고, 모든 경영활동 과정에서 인권 수호를 위한 사명을 다한다.

이를 위해 우리는 임직원이 준수해야 할 행동규범, 가치판단 기준으로 '인간의 <u>존엄</u>과 가치를 보장하는 인권경영'을 선언하고 그 실천을 다짐한다.

하나, 우리는 인간으로서의 존엄과 가치를 존중하는 인권 경영을 최우선의 가치로 한다.

하나, 우리는 국민의 건강권 및 존엄한 노후생활 보장을 위해 필요한 최선의 서비스를 <u>제공</u>한다.

하나, 우리는 장애, 성별, 종교, 국적, 지역, 사회적 신분, 학력, 나이, 직종 등의 이유로 고용 상 차별하지 않으며 상호존중과 <u>배려</u>의 근무환경을 제공한다.

하나, 우리는 직원의 자유로운 노동조합 활동을 보장하고 노사 신뢰 문화를 형성한다.

하나, 우리는 직원에게 안전하고 위생적인 근무환경을 제공한다.

하나, 우리는 어떠한 형태의 강제노동과 아동노동도 허용하지 않는다.

하나, 우리는 공급자, 유관기관 등을 포함한 협력회사, 지역사회 등 모든 이해관계자의 인권을 존중한다.

하나, 우리는 국내외 환경법규를 준수하고 환경보호와 오염방지를 위해 노력한다.

하나, 우리는 국민의 건강권 보장을 위해 공공의료 실천에 앞장선다.

하나, 우리는 인권침해를 사전에 예방하며 적극적인 구제를 위해 노력할 뿐만 아니라, 지속적인 <u>개선</u>활동으로 인권 경영의 선두에 선다.

A공단

---

① 존엄 : 인물이나 지위 따위가 감히 범할 수 없을 정도로 높고 엄숙함

② 제공 : 무엇을 내주거나 갖다 바침

③ 배려 : 도와주거나 보살펴 주려고 마음을 씀

④ 개선 : 주장이나 사실 따위를 밝히기 위하여 의견이나 내용을 드러내어 말하거나 글로 씀

 ④ 개선(改善) : 잘못된 것이나 부족한 것, 나쁜 것 따위를 고쳐 더 좋게 만듦

※ 개진(開陳) : 주장이나 사실 따위를 밝히기 위하여 의견이나 내용을 드러내어 말하거나 글로 씀

9 다음은 ㈜한국에너지에 근무하는 甲이 작성한 에너지 사용량에 대한 보고서의 일부이다. 주어진 내용을 참고할 때, 이 보고서에 포함된 내용이라고 보기 어려운 것은 무엇인가?

> 에너지의 사용량을 결정하는 매우 중요한 핵심인자는 함께 거주하는 가구원의 수이다. 다음의 표에서 가구원수가 많아질수록 연료비 지출액 역시 함께 증가하는 것을 확인할 수 있다.
>
> □ 가구원수에 따른 연료비
>
> | 가구원수 | 비율 | 가구소득(천 원, %) | 연료비(원, %) | 연료비 비율 |
> |---|---|---|---|---|
> | 1명 | 17.0% | 1,466,381(100.0) | 59,360(100.0) | 8.18% |
> | 2명 | 26.8% | 2,645,290(180.4) | 96,433(162.5) | 6.67% |
> | 3명 | 23.4% | 3,877,247(264.4) | 117,963(198.7) | 4.36% |
> | 4명 | 25.3% | 4,470,861(304.9) | 129,287(217.8) | 3.73% |
> | 5명 이상 | 7.5% | 4,677,671(319.0) | 148,456(250.1) | 4.01% |
>
> 하지만 가구원수와 연료비는 비례하여 증가하는 것은 아니며, 특히 1인 가구의 지출액은 3인이나 4인 가구의 절반 수준, 2인 가구와 비교하여서도 61.5% 수준에 그친다. 연료비 지출액이 1인 가구에서 상대적으로 큰 폭으로 떨어지는 이유는 1인 가구의 가구유형에서 찾을 수 있다. 1인 가구의 40.8%가 노인가구이며, 노인가구의 낮은 소득수준이 연료비 지출을 더욱 압박하는 효과를 가져왔을 것이다. 하지만 1인 가구의 연료비 감소폭에 비해 가구소득의 감소폭이 훨씬 크며, 그 결과 1인 가구의 연료비 비율 역시 3인 이상인 가구들에 비해 두 배 가까이 높게 나타난다. 한편, 2인 가구 역시 노인가구의 비율이 21.7%로, 3인 이상 가구 6.8%에 비해 3배 이상 높게 나타난다.

① 가구 소득분위별 연료비 지출 현황
② 가구의 유형별 연료비 지출 현황
③ 가구주 연령대별 연료비 지출 내역
④ 과거 일정 기간 동안의 연료비 증감 내역

 제시된 보고서에서 甲은 1인 가구의 대다수는 노인가구가 차지하고 있으며 노인가구는 소득수준이 낮은 데 반해 연료비 비율이 높다는 점을 지적하고 있다. 따라서 보기 ①~③의 내용은 甲의 언급 내용과 직접적인 연관성이 있는 관련 자료가 될 수 있으나, 과거 일정 기간 동안의 연료비 증감 내역은 제시된 정보라고 할 수 없다.

Answer ⟶ 8.④ 9.④

10 다음은 포괄수가제도 도입과 그 현황에 대한 보건복지부의 자료이다. 이 자료를 바탕으로 진행된 회의에서 〈보기〉와 같은 발언들이 있었다고 할 때, 잘못된 발언으로 지적을 받았을 사람은 누구인가?

현행 건강보험수가제도는 행위별 수가제를 근간으로 하며, 동 제도는 의료기관의 진찰, 검사, 처치 등 각각의 진료 행위들을 일일이 계산하여 사후적으로 비용을 지불하는 방식이다. 이러한 행위별 수가제는 급격한 진료량 증가와 이에 따른 의료비용 상승 가속화의 요인이 되고 있으며, 그 밖에도 의료서비스 공급 형태의 왜곡, 수가 관리의 어려움, 의료기관의 경영 효율화 유인장치 미비 등 많은 문제점들이 파생되었다.

이에 보건복지부는 행위별 수가제의 문제점을 개선하고 다양한 수가지불제도를 운영하기 위한 방안으로 질병군별 포괄수가제도의 도입을 추진하게 되었다. 이를 위해 1995년 1월에 질병군별(DRG)지불제도 도입 검토협의회를 구성하고, 일부 질병군을 대상으로 희망의료기관에 한하여 1997부터 질병군별 포괄수가제도 시범사업을 시작하여 2001년까지 제3차 시범사업을 실시하였다.

동 시범사업 실시 및 평가를 통하여 2002년부터 8개 질병군에 대하여 요양기관에서 선택적으로 참여하는 방식으로 본 사업을 실시하였고, 2003년 9월 이후에는 정상 분만을 제외하여 7개 질병군(수정체수술, 편도선수술, 항문수술, 탈장수술, 맹장수술, 자궁수술, 제왕절개 수술)을 선택 적용하였으며, 2012년 7월 병·의원급에 당연적용 및 2013년 7월 종합병원급 이상 모든 의료기관을 대상으로 확대 적용하였다.

한편, 7개 질병군 포괄수가제도가 비교적 단순한 수술에 적합한 모형으로 개발되어 중증질환 등 복잡한 수술을 포함하는 전체 질병군으로 확대하기 어렵다는 한계가 있다. 이를 극복하기 위해 2009년 4월부터 국민건강보험공단 일산병원에 입원한 환자를 대상으로 신포괄수가 시범 사업을 실시하여 2011년 7월부터는 지역거점 공공병원으로 시범사업을 확대 실시하고, 2016년 말 기준으로 41개 병원, 559개 질병군을 대상으로 시범사업을 실시하고 있다.

〈보기〉
• 甲 : 포괄수가제는 단순히 부도덕한 의료서비스의 공급만을 개선하기 위한 것은 아닙니다.
• 乙 : 국민건강보험공단은 포괄수가제를 7개 해당 질병군에서 더 확대 적용하기 위한 노력을 하고 있습니다.
• 丙 : 포괄수가제는 이전의 행위별 수가제이던 것을 일부 질병군에 한해 질병군별 수가제로 변경한 제도라고 할 수 있습니다.
• 丁 : 시범사업 기간인 만큼 7개 질병군에 해당되어도 종합병원에서 진료 시에는 포괄수가제 적용 여부를 사전에 확인하여야 합니다.

① 甲   ② 乙
③ 丙   ④ 丁

 7개 질병군에 대한 포괄수가제는 이미 병·의원급과 종합병원급 이상 모든 의료기관을 대상으로 적용되고 있다. 시범사업 중인 것은 신포괄수가 제도이다.

11 다음 내용은 방송 대담의 한 장면이다. 이를 통해 알 수 있는 것은?

사회자 : '키워드로 알아보는 사회' 시간입니다. 의료 서비스 시장 개방이 눈앞의 현실로 다가오고 있습니다. 이와 관련하여 오늘은 먼저 의료 서비스 시장의 특성에 대해서 알아보겠습니다. 김 박사님 말씀해주시죠.

김 박사 : 일반적인 시장에서는 소비자가 선택할 수 있는 상품의 폭이 넓습니다. 목이 말라 사이다를 마시고 싶은데, 사이다가 없다면 대신 콜라를 마시는 식이지요. 하지만 의료 서비스 시장은 다릅니다. 의료 서비스 시장에서는 음료수를 고르듯 아무 병원이나, 아무 의사에게 갈 수는 없습니다.

사회자 : 의료 서비스는 일반 시장의 상품과 달리 쉽게 대체할 수 있는 상품이 아니라는 말씀이군요.

김 박사 : 예, 그렇습니다. 의료 서비스라는 상품은 한정되어 있다는 특성이 있습니다. 우선 일정한 자격을 가진 사람만 의료 행위를 할 수 있기 때문에 의사의 수는 적을 수밖에 없습니다. 의사의 수가 충분하더라도 소비자, 즉 환자가 만족할 만한 수준의 병원을 설립하는 데는 더 큰 비용이 들죠. 그래서 의사와 병원의 수는 의료 서비스를 받고자 하는 사람보다 항상 적을 수밖에 없습니다.

사회자 : 그래서 종합 병원에 항상 그렇게 많은 환자가 몰리는군요. 저도 종합 병원에 가서 진료를 받기 위해 오랜 시간을 기다린 적이 많습니다. 그런데 박사님…… 병원에 따라서는 환자에게 불필요한 검사까지 권하는 경우도 있다고 하던데요…….

김 박사 : 그것은 '정보의 비대칭성'이라는 의료 서비스 시장의 특성과 관련이 있습니다. 의료 지식은 매우 전문적이어서 환자들이 자신의 증상에 관한 정보를 얻기가 어렵습니다. 그래서 환자는 의료 서비스를 수동적으로 받아들일 수밖에 없습니다. 중고차 시장을 생각해보시면 될 텐데요, 중고차를 사려는 사람이 중고차 판매자를 통해서만 차에 관한 정보를 얻을 수 있는 것과 마찬가지입니다.

사회자 : 중고차 판매자는 중고차의 좋지 않은 점을 숨길 수 있으니 정보가 판매자에게 집중되는 비대칭성을 나타낸다고 보면 될까요?

김 박사 : 맞습니다. 의료 서비스 시장도 중고차 시장과 마찬가지로 소비자의 선택에 불리한 구조로 이루어져 있습니다. 따라서 의료 서비스 시장을 개방하기 전에는 시장의 특수한 특성을 고려해 소비자가 피해보는 일이 없도록 많은 논의가 이루어져야 할 것입니다.

① 의료서비스 수요자의 증가와 의료 서비스의 질은 비례한다.
② 의료서비스 시장에서는 공급자 간의 경쟁이 과도하게 나타난다.
③ 의료서비스 시장에서는 소비자의 의료서비스 선택의 폭이 좁다.
④ 의료서비스 공급자와 수요자 사이에는 정보의 대칭성이 존재한다.

(Tip) 의료 서비스 시장에서는 의료 행위를 하기 위한 자격이 필요하고, 환자가 만족할 만한 수준의 병원을 설립하는 데 비용이 많이 들어 의사와 병원의 수가 적어 소비자의 선택의 폭이 좁다고 하였다.

Answer ⟶ 10.④ 11.③

12 A기업에서 업무성적이 뛰어난 직원에게 초청장을 작성하고 있다. 다음 근무자 명단과 작성방법을 바탕으로 우편라벨을 작성할 때, 바르게 작성한 것을 고르면? (단, 우편물에 대한 회신을 요하지 않는다.)

◎ 근무자 명단

번호	근무자명	주소	우편번호	소속/지위
1	이진솔	고양시 일산동구 마두로9 (마두1동 472번지)	34130 (745−400)	관리팀/과장
2	강하정	서울특별시 마포구 양화로22 3층 (서교동 21-13번지)	10875 (487−415)	지원팀/대리
3	김소라	인천광역시 남구 경인로90 (심곡동 13-9번지)	14750 (312−203)	관리팀/차장
4	박도연	대전광역시 유성구 가정로 306-2 A 빌딩 5층(도룡동 308번지)	61082 (123−442)	협력팀/부장

◎ 우편라벨 작성방법
• 우편번호는 <보내는 사람> 가장 윗부분 첫머리에 5자리로 작성한다.
• 주소를 작성할 대에는 우편번호와 한 줄 정도의 간격을 두고 작성하며, 주소를 먼저 작성하고 그 아래에 회사명을 적는다. 주소는 지번주소 또는 도려명주소로 쓸 수 있다.
• 발신자 명은 회사명과 한 줄 정도의 간격을 두고 작성하며, 회사명이 끝나는 위치에서 시작하여 소속, 지위, 이름순으로 작성하고 뒤에 '보냄'·'드림'을 붙인다.
• 우편라벨에 동봉한 우편물에 대한 메모를 적는 경우, 우편번호와 같은 줄에 앞뒤 간격을 두고 간단히 작성하며 생략 가능하다. 단, 회신이 필요한 경우에 한하여 반드시 '회신 요망'를 기재한다.
• <받는 사람> 작성방법은 <보내는 사람> 작성 방법과 동일하며, 수신자 명 뒤에 '보냄'·'드림' 대신 '님'·'귀하'를 쓴다.

① <받는 사람>

34130   회신요망

고양시 일산동구 마두로9
A기업

                    관리팀 과장 이진솔 귀하

② <받는 사람>

10875

서울특별시 마포구 양화로22 3층
A기업

                    지원팀 대리 강하정 님

③ <받는 사람>

312-203

인천광역시 심곡동 13-9번지
A기업

                    관리팀 차장 김소라 님

④ <받는 사람>

61082

대전광역시 유성구 가정로 306-2 A빌딩 5층
A기업
                    협력팀 부장 박도연 귀하

 ① 초청장은 회신을 요하지 않으므로 '회신 요망'을 기재하지 않는다.
        ③ 우편번호는 5자리로 작성해야 한다.
        ④ 발신자 명은 회사명과 한 줄 정도의 간격을 두고 작성해야 한다.

Answer ☞ 12.②

13 다음은 ○○은행이 자사 홈페이지에 게시한 입찰 관련 안내문의 일부이다. 다음 입찰 안내문을 보고 알 수 있는 내용으로 적절하지 않은 것은?

가. 용역명 : 「○○은행 을지로 제13지구 도시환경정비사업 건축설계 및 인허가」 용역
나. 용역목적
    (1) 건축물 노후화에 따른 업무 환경개선과 시설 기능 개선 및 향상을 도모하고 미래 환경에 대한 최적의 지원 환경 구축과 효율적인 보유 자산 활용을 위해 을지로 제13지구 기존 건축물을 재건축하고자 함.
    (2) 을지로 제13지구 도시환경정비사업 건축설계 및 인허가 용역은 건축, 정비계획, 지하철입구, 관리처분 계획 등을 위한 설계에 대한 축적된 지식과 노하우를 보유한 최적의 설계회사를 선정하는데 목적이 있음.
다. 용역내용

구분		설계개요	
발주자		○○은행	
토지 등 소유자		○○은행, ㈜○○홀딩스	
위치		서울특별시 중구 을지로 xxx	
설계 규모	기간	건축물사용승인 완료 후 1개월까지(계약일로부터 약 67개월)	
	추정 공사비	약 430억 원(VAT포함) ※ 건축공사비 408억 원, 지하철연결 22억 원(변동가능)	
	사업 시행면적	2,169.7㎡(656평) ※ 당행(1,494.2㎡) + ㈜○○홀딩스(191.1㎡) + 기부채납(공원)부지 (207.4㎡) + 서쪽 보행자도로 조성(271.9㎡) + 도로 xxx번지 일부 5.1㎡ 편입	
	대지면적	1,685.3㎡(509.8평) ※ 당행(1,494.2㎡ : 452평), ㈜○○홀딩스(191.1㎡ : 57.8평)	
	연면적	21,165㎡(6,402평) 내외	
	건물규모	지하 5층, 지상 18층 내외	
	주요시설	업무시설 및 부대시설	
	설계내용	설계	건축 계획·기본·실시설계, 지하철출입구·공공보행통로 설계 등 정비사업 시행에 필요한 설계
		인허가	건축허가, 정비계획 변경, 도시계획시설(철도) 변경, 실시계획인가, 사업시행인가, 관리처분계획인가 등 정비사업 시행에 필요한 인허가
		기타	서울교통공사 업무협약, 사후설계 관리업무, 설계 및 인허가를 위한 발주자 또는 인허가청 요청업무 등

① 건축 및 사업 시행에 필요한 인가, 허가 사항은 모두 낙찰업체의 이행 과제이다.

② 지상, 지하 총 23층 내외의 건축물 설계에 관한 입찰이며, 업무시설 이외의 시설도 포함된다.

③ 응찰 업체는 추정가격 430억 원을 기준으로 가장 근접한 합리적인 가격을 제시하여야 한다.

④ 입찰의 가장 근본적인 목적은 해당 건축물의 노후화에 있다.

 주어진 입찰 건은 건축물 시공에 대한 입찰이 아니라 설계 및 인허가에 관한 용역 입찰이다. 따라서 추정 공사비는 설계를 위한 참고 사항으로 제시한 것으로 볼 수 있으며 설계 및 인허가 용역 응찰 업체가 공사비인 430억 원에 근접한 가격을 제시할 필요는 없다.

① 입찰의 설계내용에 제반 인허가 사항이 포함되어 있으므로 낙찰업체의 이행 과제라고 볼 수 있다.

② 건물규모가 지하 5층, 지상 18층 내외이며 주요시설로 업무시설 및 부대시설이 있음을 명시하고 있다.

④ '나'의 (1)에서 건축물의 노후화에 따른 재건축임을 명시하고 있다.

Answer♪→ 13.③

14 다음 글의 밑줄 친 ㉠~㉣ 문장에 대한 설명으로 옳지 않은 것은?

정부의 지방분권 강화의 흐름은 에너지정책 측면에서도 매우 시의적절해 보인다. 왜냐하면 정부가 강력히 추진 중인 에너지전환정책의 성공 여부는 그 특성상 지자체의 협력과 역할에 달려 있기 때문이다.

현재까지의 중앙 정부 중심의 에너지정책은 필요한 에너지를 값싸게 충분히 안정적으로 공급한다는 공급관리 목표를 달성하는 데 매우 효율적 이였다고 평가할 수 있다. 또한 중앙 정부 부처가 주도하는 현재의 정책 결정 구조는 에너지공급 설비와 비용을 최소화할 수 있으며, ㉠일관된 에너지정책을 추구하여 개별 에너지정책들 간의 충돌을 최소화할 수 있는 장점이 있다. 사실, 특정지역 대형설비 중심의 에너지정책을 추진할 대는 지역 경제보다 국가경제 차원의 비용편인 분석이 타당성을 확보할 수 있고, 게다가 ㉡사업 추진 시 상대해야 할 민원도 특정지역으로 한정되는 경우가 많기 때문에 중앙정부 차원에서의 정책 주진이 효율적일 수 있다.

그러나 신재생에너지 전원과 같이 소규모로 거의 전 국토에 걸쳐 설치되어야 하는 분산형 전원 비중이 높아지는 에너지전환정책 추진에는 사정이 달라진다. 중앙 정부는 실제 설비가 들어서는 수많은 개별 지역의 특성을 세심히 살펴 추진할 수 없어 소규모 전원의 전국적 관리는 불가능하다. 실제로 현재 태양광이나 풍력의 보급이 지체되는 가장 큰 이유로 지자체의 인허가 단계에서 발생하는 다양한 민원이 지적되고 있다. 중앙정부 차원에서 평가한 신재생에너지의 보급 잠재력이 아무리 많아도, 실제 사업단계에서 부딪치는 다양한 어려움을 극복하지 못하면 보급 잠재력은 허수에 지나지 않게 된다. 따라서 ㉢소규모 분산전원의 확대는 거시적 정책이 아니라 지역별 특성을 세심히 고려한 미시적 정책에 달려있다고 해도 지나치지 않다. 당연히 지역 특성을 잘 살필 수 있는 지자체가 분산자원 확산에 주도권을 쥐는 편이 에너지전환정책의 성공에 도움이 될 수 있다.

이뿐만 아니라 경제가 성장하면서 에너지소비 구조도 전력, 도시가스, 지역난방 등과 같은 네트워크에너지 중심으로 변화하다 보니 지역별 공급비용에 대한 불균형을 고려해 ㉣지역별 요금을 단일화해야 한다는 목소리도 점점 커지고 있고, 환경과 안전에 대한 국민들의 인식도 과거와 비교해 매우 높아져 이와 관련한 지역 사안에 관심도 커지고 있다. 이러한 변화는 때로는 지역 간 갈등으로 혹은 에너지시설 건설에 있어 님비현상 등으로 표출되기도 한다. 모두 지역의 특성을 적극적으로 감안하고 지역주민들의 의견을 모아 해결해야 할 사안이다. 당연히 중앙정부보다 지자체가 훨씬 잘 할 수 있는 영역이다.

① ㉠-중앙 정부 중심의 에너지 정책에 대한 기본 특징으로 대표적 장점으로 볼 수 있다.
② ㉡-분산형 에너지 정책과 상반되는 중앙집중형 에너지 정책의 효율적 특성이다.
③ ㉢-미시적 정책이 분산형 에너지 정책의 관건이라는 주장으로 글의 내용과 부합한다.
④ ㉣-각 지역의 네트워크에너지 중심으로 지역의 공급비용이 동일해야한다는 전체 글의 내용과 부합하다.

④ ㉣-지자체가 지역 특성과 현실에 맞는 에너지 정책의 주도권을 행사하기 위해 지역별로 공급비용이 동일하지 않은 특성에 기인한 에너지 요금을 차별화해야 한다는 목소리가 커지고 있다고 판단하는 것이 현실을 올바르게 판단한 내용이 된다. 따라서 ㉣은 글 전체의 내용과 반대되는 논리를 포함한 문장이 된다.

15 다음 대화를 읽고 빈칸에 들어갈 말로 옳은 것은?

> A : "방금 뉴스에서 뭐라고 나온 거야?"
> B : "_____ ㉠ _____"
> A : "그게 정말이야?"
> B : "그래, 지금 그거 때문에 사람들이 난리도 아니야."
> A : "저런~ 하필 주말에 이런 일이 생기다니… 정말 안타깝구나."
> B : "맞아. 참 안타까운 일이지… 조금만 주의를 했으면 일어나지도 않았을 텐데…."

① 오늘 아침 고속도로에서 15중 추돌사고가 일어나 일가족 4명이 목숨을 잃었어?
② 오늘 아침 고속도로에서 15중 추돌사고가 일어나 일가족 4명이 목숨을 잃었구나.
③ 오늘 아침 고속도로에서 15중 추돌사고가 일어나 일가족 4명이 목숨을 잃었대.
④ 오늘 아침 고속도로에서 15중 추돌사고가 일어나 일가족 4명이 목숨을 잃었다니…

 ③ 뉴스에서 보도한 정보(고속도로 교통사고 소식)를 전달하고 있기 때문에 직접 경험한 사실이 아닌 다른 사람이 말한 내용을 간접적으로 전달할 때 사용하는 어말어미 '-대'를 사용하는 것이 옳다.

Answer ⟶ 14.④ 15.③

┃16~17┃ 다음은 ○○보험 정책연구원 M대리가 '제×차 건강과 의료 고위자 과정 모집안내'에 대한 안내 문서를 작성한 것이다. 이를 읽고 이어지는 물음에 답하시오.

〈모집요강〉

수업기간	2020. 4. 1~7. 15(14주)
수업일시	매주 금요일 18시 30분~21시(석식제공)
모집인원	45명
지원자격	• 의료기관의 원장 및 관리책임자 • 정부, 국회 및 정부투자기관의 고위관리자 • 전문기자 및 보건의료계 종사자
접수기간	2020. 3. 8~3. 22(15일간)
접수장소	○○보험 정책연구소(우편, 이메일 접수 가능)
제출서류	• 입학지원서 1부 • 사진 2매(입학지원서 부착 및 별도 1매), 여권사본 1부(해외워크숍 참가 시) ※ 입학지원서 양식은 홈페이지에서 다운로드 가능
합격자 발표	2020. 3. 22(금) 개별통보
수료기준	과정 60% 이상 출석 시 수료증 수여
교육장소	• ○○보험 본사 대회의실(6층) • ○○보험 정책연구소 세미나실(4층)
수강료	• 등록금 : 100만 원 -합격자에 한하여 아래의 계좌로 입금하여 주십시오. -계좌번호: △△은행 527-000116-0000 ○○보험 정책연구소 ※ 해외연수 비용은 별도(추후 공지)

16 M대리가 작성한 문서를 검토한 선배 S는 문서의 형식과 내용상의 일부 수정사항을 다음과 같이 지적하였다. 다음 중 S의 지적으로 적절하지 않은 것은?

① "날짜를 표기할 때에는 연월일 숫자 다음에 반드시 온점(.)을 찍는 것이 기본 원칙이야."

② "개인정보 수집 및 이용 동의서 작성이 필요한지를 반드시 알려줘야 해."

③ "공문서에 시간을 적을 때에는 24시각제로 표기하되, '시', '분' 등의 말은 빼고 쌍점(:)을 찍어 '18:30'처럼 표기해야 되는 것 잊지 말게."

④ "대외적으로 배포할 안내문을 작성할 때에는 항상 '문의 및 연락처'를 함께 적어야 불편함을 줄일 수 있어."

 개인정보 수집 및 이용 동의서, 개인정보 제공 동의서 등은 동의 여부를 개인정보 제공자의 자유의사로 선택할 수 있으므로 필요한 경우 작성을 요청할 수 있으나, 모집요강에 반드시 포함되어야 할 사항은 아니다.
① 2020. 4. 1~7. 15 → 2020. 4. 1.~7. 15.
③ 18시 30분~21시 → 18:30~21:00
④ 대외적으로 배포하는 안내문에서는 문의 및 연락처, 기타사항 등을 통하여 담당부서, 연락처 등을 함께 기재하는 것이 일반적이다.

17 위의 모집요강을 보고 건강과 의료 고위자 과정에 지원하고자 하는 A~D 중 모집요강을 잘못 이해하고 있는 사람은?

① A : 매주 금요일 저녁 저 시간에 수업을 하려면 저녁 시간이 애매한데, 석식을 제공한다니 괜찮네.

② B : 매우 유용한 과정이 될 것 같은데, 후배 중 의학전문기자가 있으니 수강해 보라고 알려줘야겠군.

③ C : 오늘이 접수 마감일인데 방문할 시간이 없으니 이메일로라도 신청해 봐야겠네.

④ D : 나는 수업기간 중 출장 때문에 2주 정도 출석을 못 하니 수료가 어렵겠네.

Tip 수료기준으로 60% 이상 출석을 요구하고 있다. 따라서 총 14주간의 수업이므로 8.4주 이상 수업에 참석하면 수료증이 수여된다.

Answer ↪ 16.② 17.④

18 다음 글은 합리적 의사결정을 위해 필요한 절차적 조건 중의 하나에 관한 설명이다. 다음 보기 중 이 조건을 위배한 것끼리 묶은 것은?

> 합리적 의사결정을 위해서는 정해진 절차를 충실히 따르는 것이 필요하다. 고도로 복잡하고 불확실한 문제상황 속에서 결정의 절차가 합리적이기 위해서는 다음과 같은 조건이 충족되어야 한다.
>
> 〈조건〉
>
> 정책결정 절차에서 논의되었던 모든 내용이 결정절차에 참여하지 않은 다른 사람들에게 투명하게 공개되어야 한다. 그렇지 않으면 이성적 토론이 무력해지고 객관적 증거나 논리 대신 강압이나 회유 등의 방법으로 결론이 도출되기 쉽기 때문이다.

> 〈보기〉
> ㉠ 심의에 참여한 분들의 프라이버시 보호를 위해 오늘 회의의 결론만 간략히 알려드리겠습니다.
> ㉡ 시간이 촉박하니 회의 참석자 중에서 부장급 이상만 발언하도록 합시다.
> ㉢ 오늘 논의하는 안건은 매우 민감한 사안이니만큼 비참석자에게는 그 내용을 알리지 않을 것입니다. 그러니 회의자료 및 메모한 내용도 두고 가시기 바랍니다.
> ㉣ 우리가 외부에 자문을 구한 박사님은 이 분야의 최고 전문가이기 때문에 참석자 간의 별도 토론 없이 박사님의 의견을 그대로 채택하도록 합시다.
> ㉤ 오늘 안건은 매우 첨예한 이해관계가 걸려 있으니 상대방에 대한 반론은 자제해주시고 자신의 주장만 말씀해주시기 바랍니다.

① ㉠㉡
② ㉠㉢
③ ㉢㉣
④ ㉢㉤

 합리적 의사결정의 조건으로 회의에서 논의된 내용이 투명하게 공개되어야 한다는 조건을 명시하고 있으나, ㉠과 ㉢에서는 비공개주의를 원칙으로 하고 있기 때문에 조건에 위배된다.

19 다음은 주문과 다른 물건을 배송 받은 Mr. Hopkins에게 보내는 사과문이다. 순서를 바르게 나열한 것은?

Dear Mr. Hopkins

a. We will send you the correct items free of delivery charge.

b. We are very sorry to hear that you received the wrong order.

c. Once again, please accept our apologies for the inconvenience, and we look forward to serving you again in the future.

d. Thank you for your letter dated October 23 concerning your recent order.

e. Apparently, this was caused by a processing error.

---

① c − e − a − d − b

② d − b − e − a − c

③ b − c − a − e − d

④ e − a − b − d − c

 Tip 「Mr. Hopkins에게
　　d. 당신의 최근 주문에 관한 10월 23일의 편지 감사합니다.
　　b. 당신이 잘못된 주문을 받았다니 매우 유감스럽습니다.
　　e. 듣자 하니, 이것은 프로세싱 오류로 인해 야기되었습니다.
　　a. 우리는 무료배송으로 당신에게 정확한 상품을 보낼 것입니다.
　　c. 다시 한 번, 불편을 드린 것에 대한 저희의 사과를 받아주시길 바라오며, 장래에 다시 서비스를 제공할 수 있기를 기대합니다.」

20 다음은 주식회사 서원각 편집팀의 주간 회의 일부이다. 회의 참여자들의 말하기 방식에 대한 설명으로 옳지 않은 것은?

> 김대리 : 요즘 날씨가 더워지면서 에너지 절약에 대한 문제가 심각한 거 다들 알고 계시죠? 작년에도 블랙아웃을 겪을 정도로 이 문제가 심각했습니다. 그래서 이번에는 사무실에서 할 수 있는 에너지 절약 방안에 대해 논의하고자 합니다. 에너지 절약에 대해 좋은 의견이 있으면 말씀해 주시기 바랍니다.
>
> 현진 : 가끔 점심식사를 하고 들어오면 아무도 없는 사무실에 에어컨이 켜져 있는 것을 볼 수 있습니다. 사소한 것이지만 이런 것도 문제가 될 수 있다고 생각합니다.
>
> 지은 : 맞아요. 오늘 아주 일찍 출근을 해보니 아무도 없는데 사무실의 에어컨이 켜져 있는 것을 보았습니다.
>
> 병근 : 진짜입니까? 그렇다면 정말 위험할 뻔 했습니다. 자칫 과열되어 불이라도 났으면 어쩔 뻔 했습니까?
>
> 효미 : 지금 에너지 절약 방안에 대한 회의를 하자고 한 것 아닙니까? 그에 맞는 논의를 했으면 좋겠습니다. 저는 담당자를 지정하여 사무실에 대한 에너지 관리를 하였으면 좋겠습니다. 예를 들어 에어컨이나 컴퓨터, 소등 등을 점검하고 확인하는 것입니다.
>
> 갑순 : 저는 에어컨 온도를 적정 수준 이상으로 올리지 않도록 규정온도를 정했으면 합니다.
>
> 을동 : 그건 안됩니다. 집도 덥고, 아침에 출근하고 나면 엄청 더운데 사무실에서까지 덥게 지내라는 것은 말이 안됩니다. 사무실 전기세를 내가 내는 것도 아닌데 사무실에서만이라도 시원하게 지내야 된다고 생각합니다.
>
> 김실 : 왜 그렇게 이기적이십니까? 에너지 문제는 우리 전체의 문제입니다.
>
> 을동 : 뭐 제가 이기적이라고 말씀하신 겁니까?
>
> 미연 : 감정적으로 대응하지 마시고 우리가 할 수 있는 방안을 생각해 보도록 하는 것이 좋을 것 같습니다.
>
> 하정 : 전 지금까지 나온 의견을 종합하는 것이 좋다고 생각합니다. 에너지 절약 담당자를 지정하여 에어컨 온도를 유지하고, 퇴근할 때 사무실 소등 및 점검을 하는 것이 좋다고 생각합니다.

① 김대리 : 참여자의 적극적인 참여를 위해 화제의 필요성을 강조하며 회의를 시작하고 있다.

② 병근 : 상대의 말에 동의하며 의사소통 상황에 맞게 의견을 개진하고 있다.

③ 효미 : 잘못된 방향으로 흘러가는 화제를 조정하며 회의에 적극적으로 참여하고 있다.

④ 미연 : 다수가 참여하는 의사소통에서 참여자의 갈등을 중재하여 담화의 흐름을 돕고 있다.

(Tip) 회의의 화제는 에너지 절약에 관한 것이므로 의사소통 상황에 맞게 의견을 개진한다면 에너지 절약의 측면에서 말을 해야 한다. 여기서 병근은 화재에 대한 걱정만을 하고 있음을 볼 때 상황에 맞게 의견을 개진한다고 보기는 어렵다.

21 다음 안내사항을 바르게 이해한 것은?

> 2020년 4월 18일부터 변경되는 "건강보험 임신·출산 진료비 지원제도"를 다음과 같이 안내합니다.
>
> 건강보험 임신·출산 진료비 지원제도란 임신 및 출산에 관련한 진료비를 지불할 수 있는 이용권(국민행복카드)을 제공하여 출산 친화적 환경을 조성하기 위해 건강보험공단에서 지원하는 제도입니다.
>
> • 지원금액 : 1회에 60만원(다태아 임산부 85만원)
> • 지원방법 : 지정요양기관에서 이용권 제시 후 결제
> • 지원기간 : 이용권 수령일~분만예정일＋50일
> • 시행일 : 2020.4.18
> • 주요내용
> 　－ 2020.4.18 신청자부터 건강보험 임신·출산 진료비가 국민행복카드로 지원
> 　－ 건강보험 임신·출산 진료비 지원 신청 장소 변경
> 　－ 지원금 승인코드 일원화(한방기관, 의료기관 : 코드 38)
> 　－ 관련 서식 변경 : 변경서식(건강보험 임신·출산 진료비 지원 신청 및 확인서 별지 2호 서식), 변경내용(카드구분 폐지)

① 임신지원금은 한 번에 60만원이 지원되며 지급카드가 동일하지 않다.

② 지원기간은 이용권 수령일로부터 분만예정일까지이며 신청자에 한해 기간이 연장된다.

③ 시행일은 올해 4월 18일부터이다.

④ 지원금 승인코드는 의료기관은 '코드 38'이며 다른 기관에서 사용할 수 없다.

 ① 카드구분이 폐지되며 국민행복카드로 지원된다.
　　 ② 지원기간은 이용권 수령일로부터 분만예정일 이후 50일까지이다.
　　 ④ 한방기관과 의료기관에서 사용이 가능하며 코드가 38로 동일하다.

22 다음은 사원들이 아래 신문 기사를 읽고 나눈 대화이다. 대화의 흐름상 빈칸에 들어갈 말로 가장 적절한 것은?

> ### "김치는 살아 있다"
> #### 젖산균이 지배하는 신비한 미생물의 세계
> 처음에 생기는 일반 세균 새콤한 맛 젖산균이 물리쳐 "우와~ 김치 잘 익었네."
> 효모에 무너지는 '젖산균 왕국' "어유~ 군내, 팍 시었네."
> 점차 밝혀지는 김치의 과학 토종 젖산균 '김치 아이'
> 유전자 해독 계기로 맛 좌우하는 씨앗균 연구 개발
>
> 1990년대 중반 이후부터 실험실의 김치 연구가 거듭되면서, 배추김치, 무김치, 오이김치들의 작은 시공간에서 펼쳐지는 미생물들의 '작지만 큰 생태계'도 점차 밝혀지고 있다. 20여 년째 김치를 연구해 오며 지난해 토종 젖산균(유산균) '류코노스톡 김치 아이'를 발견해 세계 학계에서 새로운 종으로 인정받은 인하대 한홍의(61) 미생물학과 교수는 "일반 세균과 젖산균, 효모로 이어지는 김치 생태계의 순환은 우리 생태계의 축소판"이라고 말했다.
>
> 흔히 "김치 참 잘 익었다."라고 말한다. 그러나 김치 과학자라면 매콤새콤하고 시원한 김치 맛을 보면 이렇게 말할 법하다. "젖산균들이 한창 물이 올랐군." 하지만, 젖산균이 물이 오르기 전까지 갓 담근 김치에선 배추, 무, 고춧가루 등에 살던 일반 세균들이 한때나마 왕성하게 번식한다. 소금에 절인 배추, 무는 포도당 등 영양분을 주는 좋은 먹이 터전인 것이다.
>
> "김치 초기에 일반 세균은 최대 10배까지 급속히 늘어나다가 다시 급속히 사멸해 버립니다. 제 입에 맞는 먹잇감이 줄어드는데다 자신이 만들어 내는 이산화탄소가 포화 상태에 이르러 더는 살아갈 수 없는 환경이 되는 거죠." 한 교수는 이즈음 산소를 싫어하는 '혐기성' 미생물인 젖산균이 활동을 개시한다고 설명했다. 젖산균은 시큼한 젖산을 만들며 배추, 무를 서서히 김치로 무르익게 만든다. 젖산균만이 살 수 있는 환경이 되는데, "다른 미생물이 출현하면 수십 종의 젖산균이 함께 '박테리오신'이라는 항생 물질을 뿜어내어 이를 물리친다."라고 한다.
>
> 그러나 '젖산 왕조'도 크게 두 번의 부흥과 몰락을 겪는다. 김치 중기엔 주로 둥근 모양의 젖산균(구균)이, 김치 말기엔 막대 모양의 젖산균(간균)이 세력을 떨친다. 한국 식품 개발연구원 박완수(46) 김치 연구단장은 "처음엔 젖산과 에탄올 등 여러 유기물을 생산하는 젖산균이 지배하지만, 나중엔 젖산만을 내는 젖산균이 우세종이 된다."며 "김치가 숙성할수록 시큼털털해지는 것은 이 때문"이라고 설명했다.
>
> −○○일보−

사원 甲 : 김치가 신 맛을 내는 이유는 젖산균 때문이었군? 난 세균 때문인 줄 알았어.
사원 乙 : 나도 그래. 처음에 번식하던 일반 세균이 스스로 사멸하다니, 김치는 참 신기해.
사원 丙 : 맞아. 게다가 젖산균이 출현한 이후에는 젖산균이 뿜어내는 항생 물질 때문에
　　　　다른 미생물들이 살 수 없는 환경이 된다는데.
사원 丁 : 하지만 _____

① 일반세균이 모두 죽고 나면 단 한가지의 젖산균만이 활동하게 돼.
② 모든 젖산균이 김치를 맛있게 만드는 것은 아니더군.
③ 김치는 오래되면 오래될수록 맛이 깊어지지.
④ 김치가 오래될수록 시큼해지는 이유는 젖산균에서 나오는 유기물들 때문이야.

　① 김치 중기엔 주로 둥근 모양의 젖산균(구균)이, 김치 말기엔 막대 모양의 젖산균(간균)
　　　이 세력을 떨친다.
　　③ 나중엔 젖산만을 내는 젖산균이 우세종이 되어 김치가 숙성될수록 시큼털털해진다.
　　④ 김치가 오래될수록 시큼해지는 이유는 젖산균에서 나오는 젖산 때문이다.

23 중의적 표현에 대한 다음 설명을 참고할 때, 구조적 중의성의 사례가 아닌 것은?

> 중의적 표현(중의성)이란 하나의 표현이 두 가지 이상의 의미로 해석되는 표현을 일컫는다. 그 특징은 해학이나 풍자 등에 활용되며, 의미의 다양성으로 문학 작품의 예술성을 높이는 데 기여한다. 하지만 의미 해석의 혼동으로 인해 원활한 의사소통에 방해가 될 수도 있다.
>
> 이런 중의성은 어휘적·구조적 중의성으로 분류할 수 있다. 어휘적 중의성은 다시 세 가지로 나뉘는데 첫째, 다의어에 의한 중의성이다. 다의어는 의미를 복합적으로 가지고 있는데, 기본 의미를 가지고 있는 동시에 파생적 의미를 가지고 있어서 그 어휘의 기본적 의미가 내포된 상태에서 다른 의미로도 사용할 수 있다. 둘째, 어휘적 중의성으로 동음어에 의한 중의적 표현이 있다. 동음어에 의한 중의적 표현은 순수한 동음어에 의한 중의적 표현과 연음으로 인한 동음이의어 현상이 있다. 마지막으로 동사의 상적 속성에 의한 중의성이 있다.
>
> 구조적 중의성은 문장의 구조 특성으로 인해 중의성이 일어나는 것을 말하는데, 이러한 중의성은 수식 관계, 주어의 범위, 서술어와 호응하는 논항의 범위, 수량사의 지배범위, 부정문의 지배범주 등에 의해 일어난다.

① 그녀가 보고 싶은 친구들이 참 많다.

② 그는 친구들을 기다리며 장갑을 끼고 있었다.

③ 그 사람은 나와 아버지를 만났다.

④ 나이 많은 동석과 해영이가 결혼을 한다.

 ① 명사구 사이 동사에 의한 중의성에 대한 사례로, 그녀가 친구를 보고 싶어하는 것인지 친구가 그녀를 보고 싶어 하는 것인지 확실치 않은 중의성을 포함한다.
② 그가 장갑을 이미 끼 상태인지, 장갑을 끼는 동작을 진행 중인지 의미가 확실하지 않은 동사의 상적 속성에 의한 중의성 사례이다.
③ 접속어에 의한 중의성으로, '그 사람'이 나와 함께 가서 아버지를 만난 것인지, 나와 아버지를 각각 만난 것인지 확실치 않은 중의성을 포함하고 있다.
④ 수식어에 의한 중의성으로, 동석이가 나이가 많은 것인지, 동석이와 해영이 모두가 나이가 많은 것인지 확실하지 않는 중의성을 포함하고 있다.

24 다음 글을 읽고 미루어 짐작할 수 있는 것은?

> 역설적이게도 오늘날 자연 선택 개념은 많은 경우 진화보다는 진화가 일어나지 않는 경우와 연관되어 인용된다. 주둥치*가 발광체를 갖게 된 것이 자연 선택 때문이라면, 자연 선택은 진화적 변화에 의해 그 발광체가 사라지지 않도록 방지하는 역할도 하고 있을 것이다. 살아 있는 생명체의 진화적 잠재력에 대한 풍부한 연구 덕분에 우리는 그들이 오늘날 보통 관찰되거나 화석 기록에 나타난 것보다도 훨씬 빠르게 진화할 수 있다는 사실을 알고 있다. 자연 선택이 주로 하는 일은 생명체가 지닌, 현재 최적의 상태로 발달되어 있는 형질들에서 이탈하는 것들을 추려내는 것이다.
>
> 예를 들어, 새들 중 어떤 종에서 평균 날개 길이가 20cm라면 19cm나 21cm의 날개를 가진 개체들은 다소 불리할 것이다. 그 개체들은 성체가 될 때까지 생존할 확률도 적고 그 후에도 낮은 번식률과 생존율을 보일 것이다. 야생에서 일어나는 자연 선택을 다룬 한 전형적인 연구가 그 증거를 정확하게 제시해 준다. 1899년 영국의 생물학자 허먼 캐리 범퍼스가 폭풍우에 죽은 참새들의 날개 길이를 재 보았다. 그 결과 폭풍 때 죽은 참새들에서 평균보다 현저하게 크거나 작은 날개를 지닌 개체들의 비율이 전체 참새 개체군에서보다 훨씬 크다는 사실을 알 수 있었다.
>
> 날개 길이나 인슐린 생산, 피부색 등의 형질은 중간 정도의 발달을 보이는 것이 유리하다는 이론을 안정화 선택 혹은 '최적화'라고 한다. 자연계에서 일어나는 선택은 대부분 이런 식으로, 세대를 거치며 평균값에서 눈에 띄게 변화하는 것보다는 평균값을 유지하려는 방향으로 일어난다고 여겨진다.
>
> 심지어 약한 방향성 선택도 일어나면 대개 시정된다. 자연선택이 간간이 일어나는 불리한 돌연변이나, 환경 조건이 다른 곳에서 이주해 온 개체에 의해 유입되는 지역적으로 부적응적인 유전자들을 솎아 내지 않는다면, 그 집단은 적응성이 낮아지는 쪽으로 진화할 것이다. 그래서 다윈이 진화의 주요 원인이라고 제안한 자연 선택 과정이, 오늘날에는 주로 진화를 방지하는 역할을 하고 있다고 생각된다.
>
> * 주둥치 : 난류성 물고기로 몸은 타원형에 가까운 나뭇잎 모양이며 옆으로 납작함. 북서태평양의 온대 해역에 분포함.

① 과거 새들의 날개는 현재보다 작았다.

② 진화의 속도가 수백 년 전보다 매우 느려졌다.

③ 주둥치의 발광체는 점점 더 밝은 빛을 낼 것이다.

④ 자연 선택은 현재 상태를 유지하는 쪽으로 압력을 행사한다.

> (Tip) 현재 최적의 상태로 발달되어 있는 형질들에서 이탈하는 것을 추려낸다고 하였으므로 현 상태를 유지하는 쪽으로 압력을 행사한다고 할 수 있다.

Answer 23.② 24.④

25 다음 글의 내용과 부합하는 것은?

> 공업화 과정이나 기타 경제 활동의 대부분은 욕망과 이성의 두 가지에 의해 충분히 설명될 수 있다. 하지만 그것만으로는 자유민주주의를 향한 투쟁은 설명할 수 없으며, 이는 인정받고자 하는 영혼의 '패기' 부분에서 궁극적으로 비롯되는 것이다. 공업화의 진전에 따른 사회적 변화, 그 중에서도 보통교육의 보급은 가난하고 교육받지 못한 사람들에게 그때까지 느끼지 못했던 인정받기 위한 욕망을 불러일으킨 것 같다. 만일 인간이 욕망과 이성뿐인 존재에 불과하다면 프랑코 정권하의 스페인, 또는 군사독재 하의 한국이나 브라질 같은 시장경제 지향적인 권위주의 국가 아래에서도 만족하며 살아갈 수 있을 것이다. 그러나 인간은 자기 자신의 가치에 대해 '패기' 넘치는 긍지를 갖고 있기 때문에 자신을 어린아이가 아닌 어른으로서 대해주는 정부, 자유로운 개인으로서의 자주성을 인정해주는 민주적인 정부를 원하게 된 것이다. 오늘날 공산주의가 자유민주주의로 교체되어 가고 있는 것은 공산주의가 인정에 대한 중대한 결함을 내포한 통치형태라는 사실이 인식되었기 때문이다. 역사의 원동력인 인정받기 위한 욕망의 중요성을 이해함으로써 우리는 문화나 종교, 노동, 민족주의, 전쟁 등 우리에게 익숙한 여러 가지 현상을 재검토하게 된다. 예를 들면 종교를 믿는 사람은 특정한 신이나 신성한 관습에 대한 인정을 원하고 있다. 한편 민족주의자는 자신이 속해 있는 특정의 언어적, 문화적, 또는 민족적 집단에 대해 인정받기를 원한다. 그러나 이와 같은 인정의 형태는 모두가 자유국가에 대한 보편적 인정에 비해 합리성이 결여되어 있다. 왜냐하면 그것은 성(聖)과 속(俗), 또는 인간 사회의 여러 집단에 대한 임의적 구분을 토대로 하고 있기 때문이다. 종교나 민족주의 또는 어떤 민족의 윤리적 습성과 관습의 혼합체 등이, 전통적으로 민주주의적인 정치제도나 자유시장경제의 건설에 장애가 된다고 생각되는 이유도 여기에 있다.

① 교육은 '인정받기 위한 욕망'에 관하여는 아무런 영향을 미치지 않는다.

② 패기 넘치는 긍지를 가지고 있는 사람은 한국의 권위주의 하에서도 만족하면서 살아 갈 것이다.

③ 민족주의자는 자신이 속한 문화적 집단보다는 그 사회 속에 속한 개인이 인정 받기를 원한다.

④ 공산주의가 인정에 대한 중요한 결함을 내포하고 있기 때문에 자유민주주의로 교체되고 있다.

 ① 보통교육의 보급은 가난하고 교육받지 못한 사람들에게 그때까지 느끼지 못했던 인정받기 위한 욕망을 불러일으킨 것 같다.
② '패기' 넘치는 긍지를 갖고 있는 사람은 자신을 어린아이가 아닌 어른으로서 대해주는 정부, 자유로운 개인으로서의 자주성을 인정해주는 민주적인 정부를 원한다.
③ 민족주의자는 자신이 속해 있는 특정의 언어적, 문화적, 또는 민족적 집단에 대해 인정받기를 원한다.

26 무역회사에 다니는 甲씨는 회의에서 발표할 '해외 시장 진출 육성 방안'에 대해 다음과 같이 개요를 작성하였다. 이를 검토하던 乙이 지시한 내용 중 잘못된 것은?

Ⅰ.서론
• 해외 시장에 진출한 우리 회사 제품 수의 증가…㉮
• 해외 시장 진출을 위한 장기 전략의 필요성

Ⅱ.본론
1. 해외 시장 진출 의의
• 다른 나라와의 경제적 연대 증진…㉯
• 해외 시장 속 우리 회사의 위상 제고
2. 해외 시장 진출 장애 요소
• 해외 시장 진출 관련 재정 지원 부족
• 우리 회사에 대한 현지인 인지도 부족…㉰
• 해외 시장 진출 전문 인력 부족
3. 해외 시장 진출 지원·육성 방안
• 재정의 투명한 관리
• 인지도를 높이기 위한 현지 홍보 활동
• 해외 시장 진출 전문 인력 충원…㉱

Ⅲ.결론
• 해외 시장 진출 전망

---

① ㉮ - 해외 시장에 진출한 우리 회사 제품 수를 통계 수치로 제시하면 되겠군.
② ㉯ - 다른 나라에 진출한 타 기업 수 현황을 근거 자료로 제시하면 되겠군.
③ ㉰ - 우리 회사에 대한 현지인의 인지도를 타 기업과 비교해 상대적으로 낮음을 보여주면 효과적이겠군.
④ ㉱ - 이번 공개채용을 통해 필요 인력을 보충할 필요가 있겠군.

 ② 다른 나라에 진출한 타 기업 수 현황 자료는 '다른 나라와의 경제적 연대 증진'이라는 해외 시장 진출 의의를 뒷받침하는 근거 자료로 적합하지 않다..

Answer ⟶ 25.④ 26.②

27 다음 글에서 일그러진 청소년 문화를 바로잡기 위한 방안을 여러 가지로 제시하고 있다. 글에서 제시한 방안이 아닌 것은?

> 팝이나 록음악에 열광하는 청소년들의 성향은 세계적인 현상이다. 개방화 이후 공산권 사회에 제일 먼저 들어간 것이 서방세계의 대중문화요 그 중에서 팝음악이 선두주자가 됐던 것도 이를 말해준다. 우리나라도 예외는 아니다. 유럽과 미국의 유명악단이나 가수들의 음악이 우리 청소년들의 정서를 사로잡은 지는 이미 오래이다. 경황없이 지내는 대입수험생들마저 헤드폰으로 팝음악을 들으며 공부하는 모습을 어디서나 볼 수 있는 이즈음인 것이다.
>
> 17일 밤 뉴키즈 온 더 블록 악단의 내한 공연에서 보여준 우리 10대들의 광란은 팝과 우리 청소년문화에 대한 깊은 우려를 안겨주었다. 세계를 휩쓰는 팝음악을 우리 청소년들이라 해서 외면하고 살 수는 없을 것이다. 그러나 아무리 좋아하는 음악이요 가수라 해도 학교공부도 팽개치고 비행장으로 몰리고 공연장을 아수라장으로 만들며 수십 명의 부상자를 낸 청소년들의 문화수용의 자세는 큰 문제가 아닐 수 없다. 더욱 이런 청소년들의 분별없는 광란과 탈선을 방관한 부모들이나 우리 사회의 안일한 자세는 이번 기회에 지적되지 않으면 안 된다.
>
> 우리 청소년들이 대체로 절제심이 없고 공중질서에 둔감하며 제 좋을 대로만 행동하는 이기주의에 빠져 있다는 것은 수없이 되풀이되는 지적이다. 그것을 대중문화의 한 증후라고 예사로 보아 넘기기에는 그 정도가 지나치다. 그들이 자라서 이 사회의 주역이 됐을 때 우리 사회가 어떤 모습으로 변할 것인지에 대한 우려가 어른들의 공통된 걱정이기도 하다. 그러나 그들이 왜 이 지경으로 어른들의 기대에서 빗나가 있고 어떤 처방으로 그들을 선도해야 할 것인지에 대한 대책의 마련에는 부모들이나 사회, 정부가 모두 인색하다는 점을 지적하고 싶다.
>
> 오늘의 일그러진 청소년 문화는 바로 우리 사회의 거울이다. 가정과 학교와 사회의 교육환경이 청소년들의 절제심과 질서의식, 공중에 봉사하는 공덕심을 앗아간 것이다. 검약과 봉사의 부모 아래서 문제아 자녀가 자라지 않고, 존경받는 스승 밑에서 이기주의의 학생이 나오지 않으며 사회정의와 공중질서가 살아 있는 사회가 청소년 범죄를 양산하지 않는다.
>
> 인간이란, 특히 자라나는 청소년이란 주위환경에 영향 받고 지배되는 존재이지만 교육에 의해 다듬어지고 성숙한 인격으로 발전하는 존재이기도 하다. 자식 귀여운 줄만 알고 적잖은 입장료를 주며 공연관람을 허락한 방만한 부모들은 이번 사태를 계기로 깊이 있게 반성해야 한다. 학교에서도 아무리 대학입시나 학과공부가 급하더라도 학생들의 정서를 지도하는 교육에 유의해야 한다.
>
> 그러나 정부의 몫이 가장 크다. 지금 우리 사회를 잠식하는 각종 청소년 유해환경, 학교 주변에까지 깔려 있는 퇴폐유흥업소나 무절제한 영상 문화를 그대로 방치하고서는 실효 있는 청소년 교육이 어렵다. 청소년들이 재미있게 즐길 수 있는 놀이문화를 창출하고 그들이 마음껏 뛰어놀 수 있는 마당을 마련해주는 일에 체육청소년부나 문화부가 나서야 한다. 그리고 교육부는 이들이 입시에만 얽매이지 않고 정서적 자유와 질서를 창출할 수 있는 교과과정, 입시제도 등의 정책적 대응에 힘을 모아야 한다.
>
> ― 동아일보 1992. 2. 18

① 부모들이 자식이 귀엽다고 해서 적잖은 관람료를 대주는 것과 같은 방만한 자세를 반성하고 검약과 봉사의 생활을 해야 한다.

② 학교에서 학생들의 정서교육에 힘써 이들 외국그룹이 아닌 탈춤이나 사물놀이와 같은 우리 전래놀이의 흥겨움에 어깨춤을 출 수 있도록 지도해야 한다.

③ 교육부는 청소년들이 입시에만 얽매이지 않고 정서적인 자유와 질서를 창출할 수 있는 교과과정, 입시제도 등의 정책적 대응을 모색해야 한다.

④ 체육청소년부나 문화부는 청소년들이 재미있게 즐길 수 있는 놀이 문화를 창출하고 그들이 마음껏 뛰어놀 수 있는 마당을 마련해주는 일에 나서야 한다.

(Tip) 글에서 제시한 것은 청소년들이 즐길 수 있는 놀이문화와 공간을 만들어주자는 것이지, 우리의 전래놀이로 제한하지는 않았다.

Answer↳ 27.②

28 다음은 가족제도의 붕괴, 비혼, 저출산 등 사회적인 이슈에 대해 자유롭게 의견을 나누는 자리에서 직원들 간에 나눈 대화의 일부분이다. 이를 바탕으로 옳게 추론한 것을 모두 고르면?

> 남1 : 가족은 혼인제도에 의해 성립된 집단으로 두 명의 성인 남녀와 그들이 출산한 자녀 또는 입양한 자녀로 이루어져야만 해. 이러한 가족은 공동의 거주, 생식 및 경제적 협력이라는 특성을 갖고 있어.
>
> 여1 : 가족은 둘 이상의 사람들이 함께 거주하면서 지속적인 관계를 유지하는 집단을 말해. 이들은 친밀감과 자원을 서로 나누고 공동의 의사결정을 하며 가치관을 공유하는 등의 특성이 있지.
>
> 남2 : 핵가족은 전통적인 성역할에 기초하여 아동양육, 사회화, 노동력 재생산 등의 기능을 가장 이상적으로 수행할 수 있는 가족 구조야. 그런데 최근 우리사회에서 발생하는 출산율 저하, 이혼율 증가, 여성의 경제활동 참여율 증가 등은 전통적인 가족 기능의 위기를 가져오는 아주 심각한 사회문제야. 그래서 핵가족 구조와 기능을 유지할 수 있는 정책이 필요해.
>
> 여2 : 전통적인 가족 개념은 가부장적 위계질서를 가지고 있었어. 하지만 최근에는 민주적인 가족관계를 형성하고자 하는 의지가 가족 구조를 변화시키고 있지. 게다가 여성의 자아실현 욕구가 증대하고 사회·경제적 구조의 변화에 따라 남성 혼자서 가족을 부양하기 어려운 것이 현실이야. 그래서 한 가정 내에서 남성과 여성이 모두 경제활동에 참여할 수 있도록 지원하는 국가의 정책이 필요하다고 생각해.

> ㉠ 남1에 의하면 민족과 국적이 서로 다른 두 남녀가 결혼하여 자녀를 입양한 가정은 가족으로 인정하기 어렵다.
>
> ㉡ 여1과 남2는 동성(同性) 간의 결합을 가족으로 인정하고 지지할 것이다.
>
> ㉢ 남2는 아동보육시설의 확대정책보다는 아동을 돌보는 어머니에게 매월 일정액을 지급하는 아동수당 정책을 더 선호할 것이다.
>
> ㉣ 여2는 무급의 육아휴직 확대정책보다는 육아도우미의 가정파견을 전액 지원하는 국가정책을 더 선호할 것이다.

① ㉠, ㉢

② ㉡, ㉣

③ ㉢, ㉣

④ ㉠, ㉡, ㉢

㉠ 남1의 발언에는 두 명의 성인 남녀라는 조건만 있을 뿐 민족과 국적에 대한 언급은 없다. 따라서 민족과 국적이 서로 다른 두 성인 남녀가 결혼하여 자녀를 입양한 가정은 가족으로 인정할 수 있다.

㉡ 여1은 동성 간의 결합을 가족으로 인정하고 지지할 수 있지만, 남2는 핵가족 구조를 전통적인 성역할에 기초한다고 보기 때문에 동성 간의 결합을 가족으로 인정하고 지지하지 않을 것이다.

㉢ 남2는 여성의 경제활동 참여율 증가를 전통적인 가족 기능의 위기를 가져오는 심각한 사회문제로 보고 있다. 따라서 여성의 경제활동 참여를 지원하는 아동보육시설의 확대정책보다는 아동을 돌보는 어머니에게 매월 일정액을 지급하는 아동수당 정책을 더 선호할 것이다.

㉣ 여2는 남성 혼자서 가족을 부양하기 어려운 현실을 지적하며 남녀 모두 경제활동에 참여할 수 있도록 지원하는 국가의 정책이 필요하다고 보는 입장이다. 따라서 여성 직장인이 휴직을 해야 하는 육아휴직 확대정책보다는 여성의 경제활동이 유지될 수 있도록 육아도우미의 가정파견을 전액 지원하는 국가정책을 더 선호할 것이다.

Answer↱→ 28.③

다음 글에서 '공안 개정론자'의 주장으로 옳지 않은 것은?

> 대동법의 핵심 내용으로, 공물을 부과하는 기준이 호(戶)에서 토지로 바뀐 것과 수취 수단이 현물에서 미(米)·포(布)로 바뀐 것을 드는 경우가 많다. 하지만 양자는 이미 대동법 시행 전부터 각 지방에서 광범위하게 시행되고 있었기 때문에 이를 대동법의 본질적 요소라고 볼 수는 없다. 대동법의 진정한 의미는 공물 부과 기준과 수취 수단이 법으로 규정됨으로써, 공납 운영의 원칙인 양입위출(量入爲出)의 객관적 기준이 마련되었다는 점에 있다.
>
> 양입위출은 대동법 실시론자뿐만 아니라 공안(貢案) 개정론자도 공유하는 원칙이었으나, 공납제의 폐단을 두고 문제의 해법을 찾는 방식은 차이가 있었다. 공안 개정론자는 호마다 현물을 거두는 종래의 공물 부과 기준과 수취 수단을 유지하되 공물 수요자인 관료들의 절용을 강조함으로써 '위출'의 측면에 관심을 기울였다. 반면 대동법 실시론자들은 공물가를 한번 거둔 후 다시 거두지 않도록 제도화할 것을 주장하여 '양입'의 측면을 강조하였다.
>
> 요컨대 양입위출에 대한 이런 강조점의 차이는 문제에 대한 해법을 개인적 도덕 수준을 제고하는 것으로 마련하는가, 아니면 제도적 보완이 필요하다고 보고 그 방안을 강구하는가의 차이였다. 공물 수취에 따른 폐해들을 두고 공안 개정론자는 공물 수요자 측의 사적 폐단, 즉 무분별한 개인적 욕망에서 비롯된 것으로 보았다. 반면 대동법 실시론자는 중앙정부 차원에서 공물세를 관리할 수 있는 합리적 근거와 기준이 미비하였기 때문이라고 보았다. 현물을 호에 부과하는 방식으로는 공납제 운영을 객관화하기 어려웠음에도 불구하고, 공안 개정론자는 공물 수요자의 자발적 절용을 강조하는 것 외에 그것을 강제할 수 있는 별도의 방법을 제시하지 못하였다. 이에 반해 대동법 실시론자는 공물 수요자 측의 절용이 필요하다고 보면서도 이들의 '사적 욕망'에서 빚어진 폐습을 극복하기 위해서는 이를 규제할 '공적 제도'가 필요하다고 믿었다.
>
> ※ 양입위출 : 수입을 헤아려 지출을 행하는 재정 운영 방식

① 공물 수취에 따른 폐해는 무분별한 개인적 욕망에서 비롯된다.

② 공물 수요자의 자발적 절용을 강조한다.

③ 사적 욕망에서 빚어진 폐습을 극복하기 위해 공적 제도가 필요하다.

④ '양입'의 측면보다 '위출'의 측면에 더 관심이 있다.

Tip ③ 대동법 실시론자는 공물 수요자 측의 절용이 필요하다고 보면서도 이들의 '사적 욕망'에서 빚어진 폐습을 극복하기 위해서는 이를 규제할 '공적 제도'가 필요하다고 믿었다.

30 신입사원 영희는 고객과의 접촉이 잦은 민원부서로 입사하여 선배사원으로부터 고객을 응대하는 방법에 대해 배우고 있다. 다음 중 선배사원이 영희에게 알려 준 응대법으로 적절하지 않은 것은?

① "고객의 화가 누그러질 수 있도록 시간을 버는 게 중요합니다. 급하게 응대하는 것보다 감정이 가라앉을 수 있는 기회를 찾는 것이지요."

② "나보다 더 책임 있는 윗사람이 고객을 응대한다면 좀 더 효과적인 대응이 될 수도 있습니다."

③ "불만이 심한 고객을 맞는 경우에는 응대자를 바꾸어 보는 것도 방법 중 하나입니다."

④ "불만이 심한 고객은 대부분 소리를 크게 내니, 오히려 시끄러운 곳에서 응대하는 것이 덜 민망할 수 있습니다."

 ④ 고객이 큰 소리로 불만을 늘어놓게 되면 다른 고객에게도 영향을 미치게 되므로 별도의 공간으로 안내하여 편안하게 이야기를 주고받는 것이 좋으며, 시끄러운 곳에서 응대하는 것은 오히려 고객의 불만을 자극하여 악화시킬 수 있다.

Answer ⟶ 29.③ 30.④

02 문제해결능력

1 문제와 문제해결

(1) 문제의 정의와 분류

① 정의 … 문제란 업무를 수행함에 있어서 답을 요구하는 질문이나 의논하여 해결해야 되는 사항이다.

② 문제의 분류

구분	창의적 문제	분석적 문제
문제제시 방법	현재 문제가 없더라도 보다 나은 방법을 찾기 위한 문제 탐구→문제 자체가 명확하지 않음	현재의 문제점이나 미래의 문제로 예견될 것에 대한 문제 탐구→문제 자체가 명확함
해결방법	창의력에 의한 많은 아이디어의 작성을 통해 해결	분석, 논리, 귀납과 같은 논리적 방법을 통해 해결
해답 수	해답의 수가 많으며, 많은 답 가운데 보다 나은 것을 선택	답의 수가 적으며 한정되어 있음
주요특징	주관적, 직관적, 감각적, 정성적, 개별적, 특수성	객관적, 논리적, 정량적, 이성적, 일반적, 공통성

(2) 업무수행과정에서 발생하는 문제 유형

① 발생형 문제(보이는 문제) … 현재 직면하여 해결하기 위해 고민하는 문제이다. 원인이 내재되어 있기 때문에 원인지향적인 문제라고도 한다.
  ㉠ 일탈문제 : 어떤 기준을 일탈함으로써 생기는 문제
  ㉡ 미달문제 : 어떤 기준에 미달하여 생기는 문제

② 탐색형 문제(찾는 문제) … 현재의 상황을 개선하거나 효율을 높이기 위한 문제이다. 방치할 경우 큰 손실이 따르거나 해결할 수 없는 문제로 나타나게 된다.
  ㉠ 잠재문제 : 문제가 잠재되어 있어 인식하지 못하다가 확대되어 해결이 어려운 문제
  ㉡ 예측문제 : 현재로는 문제가 없으나 현 상태의 진행 상황을 예측하여 찾아야 앞으로 일어날 수 있는 문제가 보이는 문제
  ㉢ 발견문제 : 현재로서는 담당 업무에 문제가 없으나 선진기업의 업무 방법 등 보다 좋은 제도나 기법을 발견하여 개선시킬 수 있는 문제

③ 설정형 문제(미래 문제) … 장래의 경영전략을 생각하는 것으로 앞으로 어떻게 할 것인가 하는 문제이다. 문제해결에 창조적인 노력이 요구되어 창조적 문제라고도 한다.

예제 1

D회사 신입사원으로 입사한 귀하는 신입사원 교육에서 업무수행과정에서 발생하는 문제 유형 중 설정형 문제를 하나씩 찾아오라는 지시를 받았다. 이에 대해 귀하는 교육받은 내용을 다시 복습하려고 한다. 설정형 문제에 해당하는 것은?

① 현재 직면하여 해결하기 위해 고민하는 문제
② 현재의 상황을 개선하거나 효율을 높이기 위한 문제
③ 앞으로 어떻게 할 것인가 하는 문제
④ 원인이 내재되어 있는 원인지향적인 문제

[출제의도]
업무수행 중 문제가 발생하였을 때 문제 유형을 구분하는 능력을 측정하는 문항이다.
[해설]
업무수행과정에서 발생하는 문제 유형으로는 발생형 문제, 탐색형 문제, 설정형 문제가 있으며 ①④는 발생형 문제이며 ②는 탐색형 문제, ③이 설정형 문제이다.

답 ③

---

(3) 문제해결

① **정의** … 목표와 현상을 분석하고 이 결과를 토대로 과제를 도출하여 최적의 해결책을 찾아 실행·평가해 가는 활동이다.

② **문제해결에 필요한 기본적 사고**

　㉠ **전략적 사고** : 문제와 해결방안이 상위 시스템과 어떻게 연결되어 있는지를 생각한다.

　㉡ **분석적 사고** : 전체를 각각의 요소로 나누어 그 의미를 도출하고 우선순위를 부여하여 구체적인 문제해결방법을 실행한다.

　㉢ **발상의 전환** : 인식의 틀을 전환하여 새로운 관점으로 바라보는 사고를 지향한다.

　㉣ **내·외부자원의 활용** : 기술, 재료, 사람 등 필요한 자원을 효과적으로 활용한다.

③ **문제해결의 장애요소**

　㉠ 문제를 철저하게 분석하지 않는 경우

　㉡ 고정관념에 얽매이는 경우

　㉢ 쉽게 떠오르는 단순한 정보에 의지하는 경우

　㉣ 너무 많은 자료를 수집하려고 노력하는 경우

④ 문제해결방법
- ㉠ **소프트 어프로치** : 문제해결을 위해서 직접적인 표현보다는 무언가를 시사하거나 암시를 통하여 의사를 전달하여 문제해결을 도모하고자 한다.
- ㉡ **하드 어프로치** : 상이한 문화적 토양을 가지고 있는 구성원을 가정하고, 서로의 생각을 직설적으로 주장하고 논쟁이나 협상을 통해 서로의 의견을 조정해 가는 방법이다.
- ㉢ **퍼실리테이션(facilitation)** : 촉진을 의미하며 어떤 그룹이나 집단이 의사결정을 잘 하도록 도와주는 일을 의미한다.

2 문제해결능력을 구성하는 하위능력

(1) 사고력

① **창의적 사고** … 개인이 가지고 있는 경험과 지식을 통해 새로운 가치 있는 아이디어를 산출하는 사고능력이다.
- ㉠ 창의적 사고의 특징
  - 정보와 정보의 조합
  - 사회나 개인에게 새로운 가치 창출
  - 창조적인 가능성

▌예제 2

M사 홍보팀에서 근무하고 있는 귀하는 입사 5년차로 창의적인 기획안을 제출하기로 유명하다. S부장은 이번 신입사원 교육 때 귀하에게 창의적인 사고란 무엇인지 교육을 맡아달라고 부탁하였다. 창의적인 사고에 대한 귀하의 설명으로 옳지 않은 것은?

① 창의적인 사고는 새롭고 유용한 아이디어를 생산해 내는 정신적인 과정이다.
② 창의적인 사고는 특별한 사람들만이 할 수 있는 대단한 능력이다.
③ 창의적인 사고는 기존의 정보들을 특정한 요구조건에 맞거나 유용하도록 새롭게 조합시킨 것이다.
④ 창의적인 사고는 통상적인 것이 아니라 기발하거나, 신기하며 독창적인 것이다.

[출제의도]
창의적 사고에 대한 개념을 정확히 파악하고 있는지를 묻는 문항이다.
[해설]
흔히 사람들은 창의적인 사고에 대해 특별한 사람들만이 할 수 있는 대단한 능력이라고 생각하지만 그리 대단한 능력이 아니며 이미 알고 있는 경험과 지식을 해체하여 다시 새로운 정보로 결합하여 가치 있는 아이디어를 산출하는 사고라고 할 수 있다.

답 ②

ⓛ 발산적 사고 : 창의적 사고를 위해 필요한 것으로 자유연상법, 강제연상법, 비교발상법 등을 통해 개발할 수 있다.

구분	내용
자유연상법	생각나는 대로 자유롭게 발상 ex) 브레인스토밍
강제연상법	각종 힌트에 강제적으로 연결 지어 발상 ex) 체크리스트
비교발상법	주제의 본질과 닮은 것을 힌트로 발상 ex) NM법, Synectics

Point ≫ 브레인스토밍
ⓐ 진행방법
- 주제를 구체적이고 명확하게 정한다.
- 구성원의 얼굴을 볼 수 있는 좌석 배치와 큰 용지를 준비한다.
- 구성원들의 다양한 의견을 도출할 수 있는 사람을 리더로 선출한다.
- 구성원은 다양한 분야의 사람들로 5~8명 정도로 구성한다.
- 발언은 누구나 자유롭게 할 수 있도록 하며, 모든 발언 내용을 기록한다.
- 아이디어에 대한 평가는 비판해서는 안 된다.
ⓑ 4대 원칙
- 비판엄금(Support) : 평가 단계 이전에 결코 비판이나 판단을 해서는 안 되며 평가는 나중까지 유보한다.
- 자유분방(Silly) : 무엇이든 자유롭게 말하고 이런 바보 같은 소리를 해서는 안 된다는 등의 생각은 하지 않아야 한다.
- 질보다 양(Speed) : 질에는 관계없이 가능한 많은 아이디어들을 생성해내도록 격려한다.
- 결합과 개선(Synergy) : 다른 사람의 아이디어에 자극되어 보다 좋은 생각이 떠오르고, 서로 조합하면 재미있는 아이디어가 될 것 같은 생각이 들면 즉시 조합시킨다.

② 논리적 사고 … 사고의 전개에 있어 전후의 관계가 일치하고 있는가를 살피고 아이디어를 평가하는 사고능력이다.

ⓐ 논리적 사고를 위한 5가지 요소 : 생각하는 습관, 상대 논리의 구조화, 구체적인 생각, 타인에 대한 이해, 설득

ⓑ 논리적 사고 개발 방법
- 피라미드 구조 : 하위의 사실이나 현상부터 사고하여 상위의 주장을 만들어가는 방법
- so what기법 : '그래서 무엇이지?'하고 자문자답하여 주어진 정보로부터 가치 있는 정보를 이끌어 내는 사고 기법

③ 비판적 사고 … 어떤 주제나 주장에 대해서 적극적으로 분석하고 종합하며 평가하는 능동적인 사고이다.

ⓐ 비판적 사고 개발 태도 : 비판적 사고를 개발하기 위해서는 지적 호기심, 객관성, 개방성, 융통성, 지적 회의성, 지적 정직성, 체계성, 지속성, 결단성, 다른 관점에 대한 존중과 같은 태도가 요구된다.

© 비판적 사고를 위한 태도
- 문제의식 : 비판적인 사고를 위해서 가장 먼저 필요한 것은 바로 문제의식이다. 자신이 지니고 있는 문제와 목적을 확실하고 정확하게 파악하는 것이 비판적인 사고의 시작이다.
- 고정관념 타파 : 지각의 폭을 넓히는 일은 정보에 대한 개방성을 가지고 편견을 갖지 않는 것으로 고정관념을 타파하는 일이 중요하다.

(2) 문제처리능력과 문제해결절차

① 문제처리능력 … 목표와 현상을 분석하고 이를 토대로 문제를 도출하여 최적의 해결책을 찾아 실행·평가하는 능력이다.

② 문제해결절차 … 문제 인식 → 문제 도출 → 원인 분석 → 해결안 개발 → 실행 및 평가
　　㉠ 문제 인식 : 문제해결과정 중 'waht'을 결정하는 단계로 환경 분석 → 주요 과제 도출 → 과제 선정의 절차를 통해 수행된다.
　　　- 3C 분석 : 환경 분석 방법의 하나로 사업환경을 구성하고 있는 요소인 자사(Company), 경쟁사(Competitor), 고객(Customer)을 분석하는 것이다.

| 예제 3 |

L사에서 주력 상품으로 밀고 있는 TV의 판매 이익이 감소하고 있는 상황에서 귀하는 B부장으로부터 3C분석을 통해 해결방안을 강구해 오라는 지시를 받았다. 다음 중 3C에 해당하지 않는 것은?

① Customer
② Company
③ Competitor
④ Content

[출제의도]
3C의 개념과 구성요소를 정확히 숙지하고 있는지를 측정하는 문항이다.
[해설]
3C 분석에서 사업 환경을 구성하고 있는 요소인 자사(Company), 경쟁사(Competitor), 고객을 3C (Customer)라고 한다. 3C 분석에서 고객 분석에서는 '고객은 자사의 상품·서비스에 만족하고 있는지'를, 자사 분석에서는 '자사가 세운 달성목표와 현상 간에 차이가 없는지'를 경쟁사 분석에서는 '경쟁기업의 우수한 점과 자사의 현상과 차이가 없는지'에 대한 질문을 통해서 환경을 분석하게 된다.

답 ④

- SWOT 분석 : 기업내부의 강점과 약점, 외부환경의 기회와 위협요인을 분석·평가하여 문제해결 방안을 개발하는 방법이다.

		내부환경요인	
		강점(Strengths)	약점(Weaknesses)
외부환경요인	기회 (Opportunities)	SO 내부강점과 외부기회 요인을 극대화	WO 외부기회를 이용하여 내부약점을 강점으로 전환
	위협 (Threat)	ST 외부위협을 최소화하기 위해 내부강점을 극대화	WT 내부약점과 외부위협을 최소화

ⓛ **문제 도출** : 선정된 문제를 분석하여 해결해야 할 것이 무엇인지를 명확히 하는 단계로, 문제 구조 파악 → 핵심 문제 선정 단계를 거쳐 수행된다.

- **Logic Tree** : 문제의 원인을 파고들거나 해결책을 구체화할 때 제한된 시간 안에서 넓이와 깊이를 추구하는데 도움이 되는 기술로 주요 과제를 나무모양으로 분해·정리하는 기술이다.

ⓒ **원인 분석** : 문제 도출 후 파악된 핵심 문제에 대한 분석을 통해 근본 원인을 찾는 단계로 Issue 분석 → Data 분석 → 원인 파악의 절차로 진행된다.

ⓔ **해결안 개발** : 원인이 밝혀지면 이를 효과적으로 해결할 수 있는 다양한 해결안을 개발하고 최선의 해결안을 선택하는 것이 필요하다.

ⓜ **실행 및 평가** : 해결안 개발을 통해 만들어진 실행계획을 실제 상황에 적용하는 활동으로 실행계획 수립 → 실행 → Follow-up의 절차로 진행된다.

예제 4

C사는 최근 국내 매출이 지속적으로 하락하고 있어 사내 분위기가 심상치 않다. 이에 대해 Y부장은 이 문제를 극복하고자 문제처리 팀을 구성하여 해결방안을 모색하도록 지시하였다. 문제처리 팀의 문제해결 절차를 올바른 순서로 나열한 것은?

① 문제 인식 → 원인 분석 → 해결안 개발 → 문제 도출 → 실행 및 평가
② 문제 도출 → 문제 인식 → 해결안 개발 → 원인 분석 → 실행 및 평가
③ 문제 인식 → 원인 분석 → 문제 도출 → 해결안 개발 → 실행 및 평가
④ 문제 인식 → 문제 도출 → 원인 분석 → 해결안 개발 → 실행 및 평가

[출제의도]
실제 업무 상황에서 문제가 일어났을 때 해결 절차를 알고 있는지를 측정하는 문항이다.
[해설]
일반적인 문제해결절차는 '문제 인식 → 문제 도출 → 원인 분석 → 해결안 개발 → 실행 및 평가로 이루어진다.

탑 ④

출제예상문제

❙1~2❙ 다음은 H공사의 복지사업에 대한 내용이다. 물음에 답하시오.

H공사는 무의·무탁 노령 국가유공자 및 유족과 미성년 자녀 양로·양육보호를 위해 사랑의 집을 운영하고 있다.

1. 사랑의 집 위치
경기도 수원시 장안구 광교산로 97번지

2. 보호대상

구분	양로보호	양육보호
대상	국가유공자 및 유족 중 부의탁, 생계곤란자	국가유공자의 자녀 중 무의탁, 생계곤란자
자격 연령	• 국가유공자 본인(남 60세, 여 55세 이상) • 유족(남 65세, 여 60세 이상)	만 20세까지 보호 (단, 대학생은 졸업 시까지 보호)

3. 시설정원

합계	양로시설					전문요양센터	
	계	3인실	2인실	1인실 (원룸형)	1인실 (투룸형)	계	4인실
215	187	15	104	56	12	28	28

4. 보호내용
㉠ 의식주, 생필품 제공 및 의료보호, 취미생활, 종교활동 등 지원
㉡ 사망 시 국립묘지 및 공단묘지(창훈묘원) 안장
㉢ 대학졸업 시까지 교육 보호 및 직장 알선

1   사랑의 집에서 보호받게 된 정인씨의 다음 정보를 토대로 추정할 수 있는 정인씨의 최소 나이는?

> ㉠ 대상 : 국가유공자의 유족
> ㉡ 자격 : 생계곤란자
> ㉢ 성별 : 여성

① 54세   ② 56세

③ 58세   ④ 60세

 국가유공자의 유족이고, 생계곤란자이며 여성인 정인씨는 사랑의 집에서 '양로보호'의 대상이 된다. 따라서 유족의 자격 연령은 여성은 60세 이상이므로 정인씨의 나이는 최소 60세 이상이다.

2   2020년 현재 20세인 영준이는 이번 해에 ○○대학교에 입학하였다. 국가유공자의 자녀 중 생계곤란자인 영준이가 사랑의 집에서 보호받게 된다면 몇 세까지 보호받을 수 있는가? (단, 2020년 3월에 학교에 입학하여 4년 후에 졸업하게 된다.)

① 21세   ② 22세

③ 23세   ④ 24세

 영준이는 양육보호 대상으로 대학 졸업 시까지 보호를 받게 된다. 따라서 영준이는 2022년 2월 졸업 시까지 보호받게 되므로, 24세 2월까지 보호받을 수 있다.

Answer➛ 1.④   2.④

▮3~4▮ 다음은 2020년 B공단의 의료사업 현황이다. 물음에 답하시오.

<의료사업>

국가와 민족을 위하여 희생한 군인과 그 가족에 대한 진료와 재활 서비스를 제공하기 위해 서울, 부산, 광주, 대구, 대전 5개 지역에 총 3,400여 병상의 군인병원을 설립하여 공공의료 서비스를 제공하고 있습니다.

<군인병원 현황>

구분	중앙(서울)	부산	광주	대구	대전
대지면적	88,473㎡ (26,188평)	66,764㎡ (20,232평)	67,997㎡ (20,605평)	31,346㎡ (9,499평)	40,944㎡ (12,407평)
건물면적 (본관 규모)	133,832㎡ (40,555평)	41,374㎡ (12,538평)	44,631㎡ (13,525평)	37,632㎡ (11,404평)	38,302㎡ (11,679평)
장례식장 규모	11실	9실	6실	5실	5실
병상 수	1,400석	535석	569석	497석	395석
진료과목	30과	21과	22과	22과	20과
소재지	강동구 진황도로 61길 53번지	사상구 백양대로 420	광산구 첨단 월봉로 99	달서구 월곡로 60	대덕구 보훈길 89
진료권	서울, 인천, 경기, 강원	부산, 경남, 제주, 울산	광주, 전남북	대구, 경북	대전, 충남북

3 공단은 다음 조건에 따라 선정된 지역의 군인병원을 증축할 계획을 가지고 있다. 다음 중 선정되는 지역으로 적절한 것은?

〈선정 조건〉

㉠ 대지면적 : 20,000평 이하

㉡ 건물면적 : 15,000평 이하

㉢ 장례식장 규모 : 6실 이하

㉣ 병상 수 : 500개 이하

※ 선택지가 여러 개인 경우 진료과목이 가장 적은 곳을 선택한다.

---

① 부산   ② 광주

③ 대구   ④ 대전

 ㉠ 대지면적이 20,000평 이하인 곳 : 대구, 대전

㉡ 건물면적이 15,000평 이하인 곳 : 부산, 광주, 대구, 대전

㉢ 장례식장 규모가 6실 이하인 곳 : 광주, 대구, 대전

㉣ 병상 수가 500개 이하인 곳 : 대구, 대전

모든 조건에 해당하는 곳은 대구, 대전이다.

따라서 진료과목이 더 적은 대전(20과)이 조건에 부합하는 곳이 된다.

4 제시된 군인병원 중 한 곳은 건물면적을 1.2배 확장하면 53,557.2㎡가 된다. 이 군인병원의 병상 수는 건물면적이 100㎡ 증가할 때 마다 1석이 증가된다고 할 때, 늘어난 병상 수는? (단, 소수점 아래는 버림한다.)

① 89석   ② 90석

③ 91석   ④ 92석

 ㉠ 건물면적이 53,557.2÷1.2=44,631㎡인 지역은 광주이다.

㉡ 기존의 광주 군인병원의 건물면적이 44,631㎡이고, 확장된 건물면적이 53,557.2㎡이므로 증가된 면적은 8,926.2㎡이다.

㉢ 증가된 병상 수는 8,926.2÷100≒89석이다.

Answer ☞ 3.④   4.①

5 신입사원 A는 도시락으로 매일 콩나물, 상추, 버섯 중 한 가지를 싸온다고 한다. 이때 다음 조건을 참고하여 옳은 것을 모두 고르시오.

5월						
日	月	火	水	木	金	土
			1	2	3	4
5	6	7	8	9	10	11
12	13	14	15	16	17	18
19	20	21	22	23	24	25
26	27	28	29	30	31	

- 동일한 채소를 연속해서 이틀 이상 먹을 수 없다.
- 매주 화요일은 콩나물을 먹을 수 없다.
- 17일은 상추를 먹어야 한다.
- 하루에 한 종류의 채소만 먹어야 한다.

ⓐ 한 달 동안 먹을 수 있는 상추는 최대 15번이다.
ⓑ 한 달 동안 먹을 수 있는 콩나물은 최대 14번이다.
ⓒ 6일에 상추를 먹었다는 조건이 추가된다면 한 달 동안 콩나물, 상추, 버섯을 한 번 이상씩 먹는다.

① ⓐ
② ⓑ
③ ⓑ, ⓒ
④ ⓐ, ⓒ

 ⓐ 17일에 상추를 먹어야한다고 했고, 이틀 연속으로 동일한 채소를 먹을 수 없으므로 홀수일에 상추를 먹고 짝수일에 버섯이나 콩나물을 먹으면 되므로 상추를 최대로 먹을 수 있는 횟수는 16번이다.
ⓑ 매주 화요일에 콩나물을 먹을 수 없다고 했으므로 6일 월요일에는 콩나물을 먹는다고 가정하면 2, 4, 8, 10, 12, 15, 18, 20, 22, 24, 26, 29, 31일에 먹으면 되므로 14번이다.
ⓒ 6일에 상추를 먹어야 하므로 2, 4, 6, 8, 10, 12, 14일까지 먹으면 17일에 상추를 먹어야하므로 15일과 16일은 다른 채소를 먹어야 한다. 15, 16일에 콩나물이나 버섯을 먹으면 되므로 한 달 동안 모두 한 번 이상을 먹게 된다.

6 한국수목관리원에 다니는 甲은 학술지에 실린 국가별 수목원율 관련 자료가 훼손된 것을 발견하였다. ㉠~㉢까지가 명확하지 않은 상황에서 〈보기〉의 내용만을 가지고 그 내용을 추론한다고 할 때, 바르게 나열된 것은?

㉠	㉡	㉢	㉣	㉤	㉥	㉦	평균
68%	47%	46%	37%	28%	27%	25%	39.7%

〈보기〉

㈎ 스웨덴, 미국, 한국은 평균보다 높은 수목원율을 보인다.
㈏ 수목원율이 가장 높은 국가의 절반에 못 미치는 수목원율을 보인 나라는 칠레, 멕시코, 독일이다.
㈐ 한국과 멕시코의 수목원율의 합은 스웨덴과 칠레의 수목원율의 합보다 20%p 많다.
㈑ 일본보다 수목원율이 높은 국가의 수와 낮은 국가의 수는 동일하다.

① 미국 – 한국 – 스웨덴 – 일본 – 멕시코 – 독일 – 칠레
② 스웨덴 – 미국 – 한국 – 일본 – 칠레 – 멕시코 – 독일
③ 한국 – 미국 – 스웨덴 – 일본 – 독일 – 칠레 – 멕시코
④ 한국 – 스웨덴 – 미국 – 일본 – 독일 – 멕시코 – 칠레

• ㈑를 통해 일본은 ㉠~㉦의 일곱 국가 중 4번째인 ㉣에 위치한다는 것을 알 수 있다.
• ㈎와 ㈏를 근거로 ㉠~㉢은 스웨덴, 미국, 한국이, ㉤~㉦은 칠레, 멕시코, 독일이 해당된다는 것을 알 수 있다.
• ㈐에서 20%p의 차이가 날 수 있으려면, 한국은 ㉠이 되어야 한다. ㉠이 한국이라고 할 때, 일본을 제외한 ㉡, ㉢, ㉤, ㉥, ㉦ 국가의 조합으로 20%p의 차이가 나는 조합을 찾으면, (68 + 25)와 (46 + 27)뿐이다. 따라서 ㉢은 스웨덴, ㉥은 칠레, ㉦은 멕시코임을 알 수 있다.
• ㈎와 ㈏에 의하여 남은 ㉡은 미국, ㉤은 독일이 된다.

▌7~8▐ 다음은 ○○공단에서 실시하고 있는 탄력근무제에 대한 사내 규정의 일부이다. 다음을 읽고 이어지는 물음에 답하시오.

제17조(탄력근무 유형 등)
① 탄력근무의 유형은 시차출퇴근제와 시간선택제로 구분한다.
② 시차출퇴근제는 근무시간을 기준으로 다음 각 호와 같이 구분한다. 이 경우 시차출퇴근 C형은 12세 이하이거나 초등학교에 재학 중인 자녀를 양육하는 직원만 사용할 수 있다.
  1. 시차출퇴근 A형 : 8:00~17:00
  2. 시차출퇴근 B형 : 10:00~19:00
  3. 시차출퇴근 C형 : 9:30~18:30
③ 시간선택제는 다음 각 호의 어느 하나에 해당하는 직원이 근무시간을 1시간부터 3시간까지 단축하는 근무형태로서 그 근무유형 및 근무시간은 별도로 정한 바와 같다.
  1. 「임금피크제 운영규정」 제4조에 따라 임금피크제의 적용을 받는 직원
  2. 「인사규정 시행규칙」 제34조의2 제1항 제1호 또는 제2호에 해당되는 근무 직원
  3. 일·가정 양립, 자기계발 등 업무 내·외적으로 조화로운 직장생활을 위하여 월 2회의 범위 안에서 조기퇴근을 하려는 직원
제18조(시간선택제 근무시간 정산)
① 시간선택제 근무 직원은 그 단축 근무로 통상근무에 비해 부족해진 근무시간을 시간선택제 근무를 실시한 날이 속하는 달이 끝나기 전까지 정산하여야 한다.
② 제1항에 따른 정산은 다음 각 호에 따른 방법으로 실시한다. 이 경우 정산근무시간은 10분 단위로 인정한다.
  1. 조기퇴근을 제외한 시간선택제 근무시간 정산 : 해당 시간선택제 근무로 근무시간이 단축되는 날을 포함하여 08:00부터 09:00까지 또는 18:00부터 21:00까지 사이에 근무
  2. 조기퇴근 근무시간 정산 : 다음 각 목의 방법으로 실시. 이 경우 사전에 미리 근무시간 정산을 할 것을 신청하여야 한다.
    가. 근무시작시간 전에 정산하는 경우 : 각 근무유형별 근무시작시간 전까지 근무
    나. 근무시간 이후에 정산하는 경우 : 각 근무유형별 근무종료시간부터 22:00까지 근무
③ 시간선택제 근무 직원은 휴가·교육 등으로 제1항에 따른 정산을 실시하지 못함에 따른 임금손실을 방지하기 위하여 사전에 정산근무를 실시하는 등 적정한 조치를 하여야 한다.

제19조(신청 및 승인)

① 탄력근무를 하려는 직원은 그 근무시작 예정일의 5일 전까지 별지 제4호 서식의 탄력근무 신청서를 그 소속 부서의 장에게 제출하여야 한다.

② 제20조 제2항에 따라 탄력근무가 직권해지된 날부터 6개월이 지나지 아니한 경우에는 탄력근무를 신청할 수 없다.

③ 다음 각 호의 직원은 제17조 제3항 제3호의 조기퇴근을 신청할 수 없다.

  1. 임신부

  2. 제17조 제3항 제1호 및 제2호에 해당하여 시간선택제를 이용하고 있는 직원

  3. 제8조 및 제9조의 단시간근무자

  4. 육아 및 모성보호 시간 이용 직원

④ 부서의 장은 제1항에 따라 신청서를 제출받으면 다음 각 호의 어느 하나에 해당하는 경우 외에는 그 신청에 대하여 승인하여야 한다.

  1. 업무공백 최소화 등 원활한 업무진행을 위하여 승인인원의 조정이 필요한 경우

  2. 민원인에게 불편을 초래하는 등 정상적인 사업운영이 어렵다고 판단되는 경우

⑤ 탄력근무는 매월 1일을 근무 시작일로 하여 1개월 단위로 승인한다.

⑥ 제17조 제3항 제3호에 따른 조기퇴근의 신청, 취소 및 조기퇴근일의 변경은 별지 제4호의2 서식에 따라 개인이 신청한다. 이 경우 조기퇴근 신청에 관하여 승인권자는 월 2회의 범위에서 승인한다.

7 다음 중 위의 탄력근무제에 대한 올바른 설명이 아닌 것은 어느 것인가?

① 조기퇴근은 매월 2회까지만 실시할 수 있다.

② 시간선택제 근무제를 사용하려는 직원은 신청 전에 정산근무를 먼저 해 둘 수 있다.

③ 규정에 맞는 경우라 하더라도 탄력근무제를 신청하여 승인이 되지 않을 수도 있다.

④ 시차출퇴근제와 시간선택제의 다른 점 중 하나는 해당 월의 총 근무 시간의 차이이다.

 시차출퇴근제와 시간선택제는 해당 월의 총 근무 시간이 같다. 시간선택제는 1~3시간 단축 근무를 하게 되지만 그로 인해 부족해진 근무 시간은 해당 월이 끝나기 전에 정산하여 근무를 하여야 한다.
① 조기퇴근은 매월 2회까지로 규정되어 있다.
② 정산근무가 여의치 않을 경우를 대비하여 신청을 계획하고 있을 경우 사전에 미리 정산 근무부터 해 둘 수 있다.
③ 업무상의 사유와 민원 업무 처리 등의 사유로 승인이 되지 않을 수 있다.

Answer ↱ 7.④

8 탄력근무제를 실시하였거나 실시하려고 계획하는 평가원 직원의 다음과 같은 판단 중, 규정에 어긋나는 것은 어느 것인가?

① 놀이방에 7살짜리 아이를 맡겨 둔 K씨는 시차출퇴근 C형을 신청하려고 한다.

② 7월 2일 조기퇴근을 실시한 H씨는 7월 말일 이전 근무일에 저녁 9시경까지 정산근무를 하려고 한다.

③ 6월 3일에 조기퇴근을 실시하고 한 달 후인 7월 3일에 재차 사용한 M씨는 7월 4일부터 8월 4일까지의 기간 동안 2회의 조기퇴근을 신청하려고 한다.

④ 7월 15일에 탄력근무제를 사용하고자 하는 R씨는 7월 7일에 팀장에게 신청서를 제출하였다.

 '탄력근무는 매월 1일을 근무 시작일로 하여 1개월 단위로 승인한다.'고 규정되어 있으므로 M씨의 판단은 적절하다고 할 수 없다.
① 12세 이하 자녀를 둔 경우이므로 시차출퇴근 C형 사용이 가능하다.
② 조기퇴근의 경우이므로 근무시간 이후 정산을 원할 경우 22:00까지 가능하며 조기퇴근을 실시한 해당 월 이내에 정산을 하려고 하므로 적절한 판단이다.
④ 5일 이전에 신청한 경우이므로 적절한 판단이다.

9 무역업을 하는 D사가 자사의 경영 환경을 다음과 같이 파악하였을 경우, D사가 취할 수 있는 ST 전략으로 가장 적절한 것은 어느 것인가?

> 우리는 급속도로 출현하는 경쟁자들에게 단기간에 시장점유율 20% 이상 잠식당한 상태이다. 더군다나 우리 제품의 주 구매처인 미국 S사로 물품을 수출하기에는 갈수록 무역규제와 제도적 장치가 불리하게 작용하고 있다. 침체된 경기는 언제 되살아날지 전망조차 하기 힘들다. 시장 자체의 성장 속도는 매우 빨라 새로운 고객군도 가파르게 등장하고 있지만 그만큼 우리의 생산설비도 노후화되어 가고 있으며 종업원들의 고령화 또한 문제점으로 지적되고 있다. S사와의 거래만 지속적으로 유지된다면 우리 경영진의 우수한 역량과 다년간의 경험을 바탕으로 안정적인 거래 채널을 유지할 수 있지만 이는 우리의 연구 개발이 지속적으로 이루어져야 가능한 일이며, 지금과 같이 수익성이 악화 일로로 치닫는 상황에서는 기대하기 어려운 요인으로 지목된다. 우리가 보유한 독점적 기술력과 직원들의 열정만 믿고 낙관적인 기대를 하기에는 시장 상황이 녹록치 않은 것이 냉정한 현실이다.

① 안정적인 공급채널로 수익성 저하를 만회하기 위해 노력한다.
② 새로운 고객군의 등장을 계기로 시장점유율을 극대화할 수 있는 방안을 도출해 본다.
③ 독점 기술과 경영진의 경험을 바탕으로 자사에 불리한 규제를 벗어날 수 있는 새로운 영역을 창출한다.
④ 우수한 경영진의 역량을 통해 직원들의 업무 열정을 제고하여 종업원의 고령화 문제를 해결한다.

 제시된 글을 통해 알 수 있는 D사의 SWOT 요인은 다음과 같다.
- S : 경영진의 우수한 역량과 다년간의 경험, 안정적인 거래 채널, 독점적 기술력, 직원들의 열정
- W : 생산설비 노후화, 종업원들의 고령화, 더딘 연구 개발, 수익성 악화
- O : 시장의 빠른 성장 속도, 새로운 고객군 등장
- T : 급속도로 출현하는 경쟁자, 시장점유율 하락, 불리한 무역규제와 제도적 장치, 경기 침체

ST 전략은 외부 환경의 위협을 회피하기 위해 강점을 사용하는 전략이다. 따라서 외부의 위협 요인인 '자사에 불리한 규제'를 벗어날 수 있는 새로운 영역을 자사의 강점인 '독점 기술과 경영진의 경험'으로 창출하는 ③이 적절한 ST 전략이라고 볼 수 있다.

Answer 8.③ 9.③

▌10~11 ▌ 다음 자료를 보고 이어지는 물음에 답하시오.

건폐율이란 대지에 건축물의 그림자가 덮고 있는 비율을 의미한다. 그러나 건폐율로는 건축물의 평면적인 규모를 가늠할 수 있을 뿐 전체 건축물의 면적(연면적)이나 층수 등의 입체적인 규모는 알 수 없다. 건축물의 입체적인 규모를 가늠할 수 있는 것은 용적률이다. 건폐율과 용적률의 최대 허용치는 토지의 용도지역에 따라 다음과 같은 기준이 적용된다.

용도지역구분			건폐율	용적률
도시지역	일반주거지역	제1종	60% 이하	100%~200%
		제2종		150%~250%
		제3종	50% 이하	200%~300%
	준주거지역		70% 이하	200%~500%
	상업지역	중심상업지역	90% 이하	400%~1,500%
		일반상업지역	80% 이하	300%~1,300%
		근린상업지역	70% 이하	200%~900%
		유통상업지역	80% 이하	200%~1,100%

※ 건폐율 = 건축면적 ÷ 대지면적 × 100

※ 용적률 = 지상층 연면적 ÷ 대지면적 × 100

10 A씨는 자신이 소유한 대지에 건물을 지으려고 한다. 대지의 면적이 다음 그림과 같을 때, 허용된 최대 건폐율과 용적률을 적용하여 건물을 짓는다면 건물 한 층의 면적과 층수는 각각 얼마인가? (단, 주차장 및 지하 공간 등은 고려하지 않는다.)

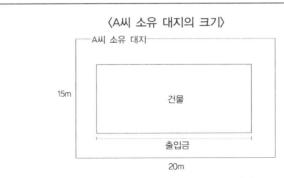

- A씨는 '출입문' 쪽 건물 면의 길이를 18m로 유지하고자 한다.
- A씨의 대지는 제2종 일반주거지역에 속하며, 대지 주변 도로의 폭은 규정된 너비를 확보한 상태라고 가정한다.

① 150㎡, 4층
② 180㎡, 5층
③ 180㎡, 4층
④ 150㎡, 5층

 A씨 소유 대지의 면적은 $15 \times 20 = 300$㎡이며, 제2종 일반주거지역이므로 최대 60%의 건폐율과 250%의 용적률이 적용된다. 건물의 한 면 길이가 18m로 주어져 있으므로 나머지 한 면의 길이를 x라 할 때, 제시된 산식에 의하여 건폐율 $60 \geqq (18 \times x) \div 300 \times 100$이 되므로 $x \geqq 10$이다. 따라서 A씨는 최대 18m × 10m의 건축물을 지을 수 있으므로 건축물의 면적은 180㎡가 된다.
다음으로 지상층 연면적을 y라고 할 때, 용적률 산식에 대입해 보면 $250 \geqq y \div 300 \times 100$이므로 $y \geqq 750$이다. 따라서 $750 \div 180 = 4.1666\cdots$이므로 최대 층수는 4층이 된다.

11 다음 중 A씨가 소유한 대지 내에 지을 수 있는 건축물의 면적과 층수가 아닌 것은 어느 것인가?

① 100㎡, 7층
② 140㎡, 6층
③ 150㎡, 5층
④ 170㎡, 3층

 건폐율과 용적률의 범위를 벗어나는 건축물의 면적과 층수를 찾으면 된다. 제시된 보기의 면적이 모두 허용 최대 건폐율인 60%(180㎡)를 충족하고 있다. 따라서 최대 허용 용적률에 의해 연면적이 750㎡를 초과하지 않아야 하므로 보기 ②가 정답이 된다.

Answer ⟶ 10.③ 11.②

┃12~13┃ 다음은 금융 관련 긴급 상황 발생 시 행동요령에 대한 내용이다. 다음 내용을 토대로 물음에 답하시오.

금융 관련 긴급 상황 발새 행동요령 안내서

1. 개인정보가 유출된 경우
- 개인정보 노출이 의심되는 경우 한국인터넷진흥원 '개인정보침해신고센터' 또는 '주민등록번호클린센터'를 통해 신고·확인을 한다.
- 개인정보 노출 시 은행 영업점이나 금감원 민원센터를 방문하여 '개인정보노출자 사고 예방시스템'에 등록하여 추가 피해를 예방한다.
2. 보이스피싱, 파밍 등 전자금융사기의 경우
- 보이스피싱 등 금융사기가 의심되면 즉시 경찰청, 금감원 또는 금융회사 콜센터에 신고하여 지급정지를 신청한다.
- 경찰서를 방문하여 사건·사고 사실 확인서(피해신고확인서)를 수령 및 작성한다.
- 이미 돈을 빼냈다면 지급정지 신청 후 3일 이내 송금 계좌의 금융회사 영업점을 방문하여 '피해구제 신청서'를 작성 및 제출하고 보안카드 번호, 계좌 비밀번호, 공인인증서 비밀번호를 알려준 경우 즉시 금융회사에 신고하여 해지 및 폐기 처리를 한다.
3. 통징 등 분실
- 도장, 보안카드, 예금통장, 현금카드 등을 분실 또는 도난당했을 경우 즉시 전화로 금융회사에 신고하여 금융회사의 안내에 따르며 신고 받은 직원의 이름과 신고시간 등을 기록한다.
- 현금카드를 분실 또는 도난당했을 경우에는 비밀번호와 예금계좌를 함께 변경해야 안전하다.
- 휴대폰에 공인인증서가 저장된 경우 공인인증서를 재발급 받고 모바일 신용카드가 발급된 상태라면 즉시 카드회사에 연락하여 사용중지를 요청한다.

12 만약 당신이 적금통장을 분실했을 경우 가장 먼저 취해야 할 행동으로 적절한 것은?

① 비밀번호와 계좌번호를 변경하여 타인이 사용하는 것을 예방한다.

② 해당 금융회사에 신고하여 안내원의 지시에 따른다.

③ 경찰서와 금융감독원에 전화하여 지급정지 신청을 한다.

④ 사건·사고 확인서를 수령 받아 작성·제출을 한다.

> **(Tip)** 금융 관련 긴급 상황 발생 행동요령 안내서에 따라 통장 등을 분실한 경우 금융회사에 신고하여 안내에 따른다.

13 당신이 개인정보 유출로 인해 보이스피싱을 당했다고 느껴질 경우 취할 수 있는 행동으로 적절하지 않은 것은?

① 피해구제 신청서를 작성하여 제출한다.

② 개인정보침해신고센터에 신고하여 개인정보가 유출되었는지 확인한다.

③ 계좌번호와 비밀번호를 함께 변경한다.

④ 경찰서를 방문하여 피해신고확인서를 작성한다.

 금융 관련 긴급 상황 발생 행동요령 안내서에 따라 ③은 통장·카드를 분실했을 경우 취해야하는 행동이다.

┃14~17┃ 다음 사실이 모두 참일 때 결론에 대해 옳은 것을 고르시오.

14

> **사실**
> 나는 오후에 영화관에 가거나 집에 갈 것이다.
> 나는 오후에 집에 가지 않았다.
>
> **결론**
> A : 나는 오전에 영화관에 갔다.
> B : 나는 오후에 영화관에 갔다.

① A만 옳다.　　　　　　　　　② B만 옳다.

③ A와 B 모두 옳다.　　　　　　④ A와 B 모두 그르다.

 오후에 영화관에 가거나 집에 갈 것이고, 집에 가지 않았으므로 오후에 영화관에 갔다(B는 옳다). 하지만 오전에는 어딜 갔는지 알 수 없다.

Answer⤵ 12.② 13.③ 14.②

15

사실
- 영희, 철수, 진하, 유리, 민수는 5층 건물의 각 층에 살고 있다.
- 영희와 진하는 홀수 층에 살고 있다.
- 철수는 영희보다 한층 아래 살고 있다.
- 유리는 한층만 걸어 올라가면 집이다.

결론
- A : 영희는 3층에 산다.
- B : 철수는 4층에 산다.

① A만 옳다.   ② B만 옳다.
③ A와 B 모두 옳다.   ④ A와 B 모두 그르다.

5층	영희
4층	철수
3층	민수(또는 진하)
2층	유리
1층	진하(또는 민수)

16

사실
- 모든 생물은 죽는다.
- 사람은 생물이다.
- 돌은 생물이 아니다.

결론
- A : 사람은 죽는다.
- B : 돌은 죽지 않는다.

① A만 옳다.   ② B만 옳다.
③ A와 B 모두 옳다.   ④ A와 B 모두 그르다.

 사람→생물→죽음이므로 A는 옳은 내용이다. 모든 생물은 죽는다는 전제를 반대로 하면
죽지 않는 것은 생물이 아닌 것이다. 따라서 B또한 옳은 내용이다.

17

> **사실**
>
> 소희는 책 읽는 것을 좋아한다.
> 책 읽는 것을 좋아하는 사람은 똑똑하다.
> 현명한 사람은 똑똑하다.
>
> **결론**
> A : 소희는 똑똑하다.
> B : 소희는 현명하다.

① A만 옳다.　　　　　　　　　　② B만 옳다.

③ A와 B 모두 옳다.　　　　　　　④ A와 B 모두 그르다.

 책 읽는 것을 좋아하므로 소희가 똑똑하다는 A는 옳은 설명이지만 B는 옳은지 그른지 알 수 없다.

18 공금횡령사건과 관련해 갑, 을, 병, 정이 참고인으로 소환되었다. 이들 중 갑, 을, 병은 소환에 응하였으나 정은 응하지 않았다. 다음 정보가 모두 참일 때, 귀가 조치된 사람을 모두 고르면?

> • 참고인 네 명 가운데 한 명이 단독으로 공금을 횡령했다.
> • 소환된 갑, 을, 병 가운데 한 명만 진실을 말했다.
> • 갑은 '을이 공금을 횡령했다', 을은 '내가 공금을 횡령했다', 병은 '정이 공금을 횡령했다' 라고 진술했다.
> • 위의 세 정보로부터 공금을 횡령하지 않았음이 명백히 파악된 사람은 모두 귀가 조치 되었다.

① 병　　　　　　　　　　　　　② 갑, 을

③ 갑, 병　　　　　　　　　　　④ 갑, 을, 병

 ㉠ **갑의 말이 진실일 경우** : 갑의 말에 의해 을이 범인이 되지만, 이것은 을의 진술과 모순된다.
㉡ **을의 말이 진실일 경우** : 을의 말에 의해 을이 범인이 되지만, 이것은 갑의 진술과 모순된다.
㉢ **병의 말이 진실일 경우** : 병의 말에 의해 정이 범인이 되고, 갑과 을의 진술과도 모순되지 않는다. 따라서 공금을 횡령한 사람은 정이고 갑, 을, 병은 귀가 조치된다.

Answer ⟶ 15.② 16.③ 17.① 18.④

19 다음 진술이 참이 되기 위해 꼭 필요한 전제를 〈보기〉에서 고르면?

> 노래를 잘 부르는 사람은 상상력이 풍부하다.

> 〈보기〉
> ㉠ 그림을 잘 그리는 사람은 IQ가 높고, 상상력이 풍부하다.
> ㉡ IQ가 높은 사람은 그림을 잘 그린다.
> ㉢ 키가 작은 사람은 IQ가 높다.
> ㉣ 키가 작은 사람은 상상력이 풍부하지 않다.
> ㉤ 노래를 잘 부르지 못하는 사람은 그림을 잘 그리지 못한다.
> ㉥ 그림을 잘 그리지 못하는 사람은 노래를 잘 부르지 못한다.

① ㉠㉡   ② ㉠㉥
③ ㉢㉣   ④ ㉣㉥

 노래를 잘 부르는 사람은 그림을 잘 그린다(㉥의 대우).
그림을 잘 그리는 사람은 상상력이 풍부하다(㉠).
∴ 노래를 잘 부르는 사람은 상상력이 풍부하다.

20 다음의 조건을 통해 네 자리 수를 만들 때, 항상 참인 것은?

> ㉠ 0과 소수는 사용 불가 하다.
> ㉡ 네 개의 숫자는 서로 겹치지 않는다.
> ㉢ 네 개의 숫자는 큰 수부터 차례로 나열한다.
> ㉣ 네 자리 수는 짝수로 시작한다.

① 네 자리 수는 6으로 시작한다.

② 네 자리 수는 3가지가 만들어진다.

③ 네 자리 수는 홀수이다.

④ 네 자리 수는 4를 포함하지 않는다.

 ㉡ 네 개의 숫자는 서로 겹치지 않는다.
㉠ 0, 2, 3, 5, 7은 사용 불가 (1, 4, 6, 8, 9 사용 가능)
㉣ 숫자는 4, 6, 8로 시작 가능
㉢ 네 자리 숫자가 큰 수부터 차례로 나열되려면
  4, 6은 네 자리 수가 될 수 없으므로 사용 불가 (8 사용 가능)
따라서 만들 수 있는 네 자리 수는 8641이다.

21 갑, 을, 병, 정, 무 5명은 각각 1~5월 중 한 번만 휴가를 갔다. 조건이 다음과 같을 때 항상 옳은 것은?

> • 무는 병보다 3달 먼저 휴가를 갔다.
> • 을은 갑보다 먼저 휴가를 갔다.
> • 갑은 을과 정의 휴가 사이에 휴가를 갔다.

① 갑은 3월에 휴가를 갔다.
② 병은 5월에 휴가를 갔다.
③ 정은 마지막으로 휴가를 가지 않았다.
④ 을은 무보다 먼저 휴가를 갔다.

경우의 수	1월	2월	3월	4월	5월
1	무	을	갑	병	정
2	을	무	갑	정	병

22 Z회사에 근무하는 7명의 직원이 교육을 받으려고 한다. 교육실에서 직원들이 앉을 좌석의 조건이 다음과 같을 때 직원 중 빈 자리 바로 옆 자리에 배정받을 수 있는 사람은?

<교육실 좌석>

첫 줄	A	B	C
중간 줄	D	E	F
마지막 줄	G	H	I

<조건>
• 직원은 강훈, 연정, 동현, 승만, 문성, 봉선, 승일 7명이다.
• 서로 같은 줄에 있는 좌석들끼리만 바로 옆 자리일 수 있다.
• 봉선의 자리는 마지막 줄에 있다.
• 동현이의 자리는 승만이의 바로 옆 자리이며, 또한 빈 자리 바로 옆이다.
• 승만이의 자리는 강훈이의 바로 뒷 자리이다.
• 문성이와 승일이는 같은 줄의 좌석을 배정 받았다.
• 문성이나 승일이는 누구도 강훈이의 바로 옆 자리에 배정받지 않았다.

① 승만
② 문성
③ 연정
④ 봉선

(Tip) 주어진 조건을 정리해 보면 마지막 줄에는 봉선, 문성, 승일이가 앉게 되며 중간 줄에는 동현이와 승만이가 앉게 된다. 그러나 동현이가 승만이 바로 옆 자리이며, 또한 빈자리가 바로 옆이라고 했으므로 승만이는 빈자리 옆에 앉지 못한다. 첫 줄에는 강훈이와 연정이가 앉게 되고 빈자리가 하나 있다. 따라서 연정이는 빈 자리 옆에 배정 받을 수 있다.

Answer┌→ 19.② 20.③ 21.① 22.③

23 다음은 어느 레스토랑의 3C분석 결과이다. 이 결과를 토대로 하여 향후 해결해야 할 전략과제를 선택하고자 할 때 적절하지 않은 것은?

3C	상황 분석
고객 / 시장(Customer)	• 식생활의 서구화 • 유명브랜드와 기술제휴 지향 • 신세대 및 뉴패밀리 층의 출현 • 포장기술의 발달
경쟁 회사(Competitor)	• 자유로운 분위기와 저렴한 가격 • 전문 패밀리 레스토랑으로 차별화 • 많은 점포수 • 외국인 고용으로 인한 외국인 손님 배려
자사(company)	• 높은 가격대 • 안정적 자금 공급 • 업계 최고의 시장점유율 • 고객증가에 따른 즉각적 응대의 한계

① 원가 절감을 통한 가격 조정

② 유명브랜드와의 장기적인 기술제휴

③ 즉각적인 응대를 위한 인력 증대

④ 안정적인 자금 확보를 위한 자본구조 개선

 '안정적 자금 공급'이 자사의 강점이기 때문에 '안정적인 자금 확보를 위한 자본구조 개선'은 향후 해결해야 할 과제에 속하지 않는다.

24 다음은 화재손해 발생 시 지급 보험금 산정방법과 피보험물건의 보험금액 및 보험가액에 대한 자료이다. 다음 조건에 따를 때, 지급 보험금이 가장 많은 피보험물건은?

〈표1〉 지급 보험금 산정방법

피보험물건의 유형	조건	지급 보험금
일반물건, 창고물건, 주택	보험금액 ≥ 보험가액의 80%	손해액 전액
	보험금액 < 보험가액의 80%	손해액 × $\dfrac{보험금액}{보험가액의 80\%}$
공장물건, 동산	보험금액 ≥ 보험가액	손해액 전액
	보험금액 < 보험가액	손해액 × $\dfrac{보험금액}{보험가액}$

※ 보험금액은 보험사고가 발생한 때에 보험회사가 피보험자에게 지급해야 하는 금액의 최고한도를 말한다.
※ 보험가액은 보험사고가 발생한 때에 피보험자에게 발생 가능한 손해액의 최고한도를 말한다.

〈표2〉 피보험물건의 보험금액 및 보험가액

피보험물건	피보험물건 유형	보험금액	보험가액	손해액
甲	동산	7천만 원	1억 원	6천만 원
乙	일반물건	8천만 원	1억 원	8천만 원
丙	창고물건	6천만 원	7천만 원	9천만 원
丁	공장물건	9천만 원	1억 원	6천만 원

① 甲
② 乙
③ 丙
④ 丁

① 甲 : 6천만 원 × $\dfrac{7천만 원}{1억 원}$ = 4,200만 원

② 乙 : 손해액 전액이므로 8,000만 원

③ 丙 : 손해액 전액이므로 9,000만 원

④ 丁 : 6천만 원 × $\dfrac{9천만 원}{1억 원}$ = 5,400만 원

Answer ☞ 23.④ 24.③

25 다음은 어떤 사람이 A지점에서 B지점을 거쳐 C지점으로 출근을 할 때 각 경로의 거리와 주행속도를 나타낸 것이다. 오전 8시 정각에 A지점을 출발한다면 이에 대한 설명으로 옳은 것은?

구간	경로	주행속도(km/h)		거리(km)
		출근 시간대	기타 시간대	
A→B	경로 1	30	45	30
	경로 2	60	90	
B→C	경로 3	40	60	40
	경로 4	80	120	

※ 출근 시간대는 오전 8~9시까지이며, 그 이외의 시간은 기타 시간대로 간주한다.

① C지점에 가장 빨리 도착하는 시각은 오전 9시 10분이다.

② C지점에 가장 늦게 도착하는 시각은 오전 9시 20분이다.

③ B지점에 가장 빨리 도착하는 시각은 오전 8시 40분이다.

④ 경로 2와 경로 3을 이용하는 경우와, 경로 1과 경로 4를 이용하는 경우 C지점에 도착하는 시간은 동일하다.

 (Tip) 시간 = $\dfrac{거리}{속도}$ 공식을 이용하면 다음과 같다.

구간	경로	시간			
		출근 시간대		기타 시간대	
A→B	경로 1	30	1시간	45	40분
	경로 2	60	30분	90	20분
B→C	경로 3	40	1시간	60	40분
	경로 4	80	30분	120	20분

① C지점에 가장 빨리 도착하는 방법은 경로 2와 경로 4를 이용하는 경우이므로, 가장 빨리 도착하는 시각은 오전 9시이다.

② C지점에 가장 늦게 도착하는 방법은 경로 1과 경로 3을 이용하는 경우이므로, 가장 늦게 도착하는 시간은 오전 9시 40분이다.

③ B지점에 가장 빨리 도착하는 방법은 경로 2이므로 그 시간은 오전 8시 30분이 된다.

④ 경로 2와 3을 이용하는 경우와 경로 1과 4를 이용하는 경우 C지점에 도착하는 시각은 1시간 20분으로 동일하다.

26 다음은 배탈의 발생과 그 원인에 대한 설명이다. 배탈의 원인이 생수, 냉면, 생선회 중 하나라고 할 때, 다음의 진술 중 반드시 참인 것은?

> ㉠ 갑은 생수와 냉면 그리고 생선회를 먹었는데 배탈이 났다.
> ㉡ 을은 생수와 생선회를 먹지 않고 냉면만 먹었는데 배탈이 나지 않았다.
> ㉢ 병은 생수와 생선회는 먹었고 냉면은 먹지 않았는데 배탈이 났다.
> ㉣ 정은 생수와 냉면을 먹었고 생선회는 먹지 않았는데 배탈이 나지 않았다.

① ㉡㉣의 경우만 고려할 경우 냉면이 배탈의 원인이다.

② ㉠㉡㉣의 경우만 고려할 경우 냉면이 배탈의 원인이다.

③ ㉠㉢㉣의 경우만 고려할 경우 생수가 배탈의 원인이다.

④ ㉡㉢㉣의 경우만 고려할 경우 생선회가 배탈의 원인이다.

 ① 을과 정만 고려한 경우 배탈이 나지 않은 을은 냉면을 먹었다.
② 갑, 을, 정만 고려한 경우 갑은 배탈의 원인이 생수, 냉면, 생선회 중 하나임을 알려주는데 이는 유용한 정보가 될 수 없으며, 냉면은 배탈의 원인이 되지 않음을 알 수 있다.
③ 갑, 병, 정만 고려한 경우 배탈이 나지 않은 정은 생수를 먹었다.
④ 을, 병, 정만 고려한 경우 배탈이 나지 않은 을과 정은 생선회를 먹지 않았으며, 배탈이 난 병은 생선회를 먹었다. 여기서 생선회가 배탈의 원인임을 짐작할 수 있다.

27 A, B, C, D, E는 비슷한 시기에 태어났다. 다음 중 옳은 것은?

> • A는 B보다 먼저 태어났다.
> • C는 E보다 먼저 태어났다.
> • D보다 늦게 태어난 사람은 1명이다.
> • C는 B보다 늦게 태어났다.

① A는 두 번째로 태어났다.

② B는 두 번째로 태어났다.

③ C는 첫 번째로 태어났다.

④ D는 첫 번째로 태어났다.

Tip 명제를 종합해보면 A, B, C, D, E 순서로 태어났다.

Answer ↝ 25.④ 26.④ 27.②

|28~29| 다음 상황과 자료를 보고 물음에 답하시오.

도서출판 서원각에 근무하는 K씨는 고객으로부터 9급 건축직 공무원 추천도서를 요청받았다. K씨는 도서를 추천하기 위해 다음과 같은 9급 건축직 발행도서의 종류와 특성을 참고하였다.

K씨 : 감사합니다. 도서출판 서원각입니다.
고객 : 9급 공무원 건축직 관련 도서 추천을 좀 받고 싶습니다.
K씨 : 네, 어떤 종류의 도서를 원하십니까?
고객 : 저는 기본적으로 이론은 대학에서 전공을 했습니다. 그래서 많은 예상문제를 풀 수 있는 것이 좋습니다.
K씨 : 아. 문제가 많은 것이라면 딱 잘라서 말씀드리기가 어렵습니다.
고객 : 알아요. 그래도 적당히 가격도 그리 높지 않고 예상문제가 많이 들어 있는 것이면 됩니다.
K씨 : 네. 알겠습니다. 많은 예상문제풀이가 가능한 것 외에는 다른 필요한 사항은 없으십니까?
고객 : 가급적이면 20,000원 이하가 좋을 듯 합니다.

도서명	예상문제 문항 수	기출문제 수	이론 유무	가격
실력평가모의고사	400	120	무	18,000
전공문제집	500	160	유	25,000
문제완성	600	40	무	20,000
합격선언	300	200	유	24,000

28 다음 중 K씨가 고객의 요구에 맞는 도서를 추천해 주기 위해 가장 우선적으로 고려해야 하는 특성은 무엇인가?

① 기출문제 수　　　　　　　　② 이론 유무
③ 가격　　　　　　　　　　　　④ 예상문제 문항 수

 고객은 많은 문제를 풀어보기를 원하므로 우선적으로 예상문제의 수가 많은 것을 찾아야 한다.

29 고객의 요구를 종합적으로 반영하였을 때 많은 문제와 가격을 맞춘 가장 적당한 도서는?

① 실력평가모의고사　　　　　　② 전공문제집
③ 문제완성　　　　　　　　　　④ 합격선언

 고객의 요구인 20,000원 가격선과 예상문제의 수가 많은 도서는 문제완성이 된다.

30 휴대전화 부품업체에 입사를 준비하는 K씨는 서류전형, 필기시험을 모두 통과한 후 임원 면접을 앞두고 있다. 다음은 임원 면접시 참고자료로 나눠준 글이다. 면접관이 질문할 예상 질문으로 적절하지 못한 것은?

> 무선으로 전력을 주고받으면, 전원을 직접 연결하는 유선보다 효율은 떨어지지만 전자 제품을 자유롭게 이동하며 사용할 수 있는 장점이 있다. 이처럼 무선으로 전력을 주고받을 수 있도록 전자기를 활용하여 전기를 공급하거나 이용하는 기술이 무선 전력 전송 방식인데 대표적으로 '자기 유도 방식'과 '자기 공명 방식' 두 가지를 들 수 있다.
>
> 자기 유도 방식은 변압기의 원리와 유사하다. 변압기는 네모 모양의 철심 좌우에 코일을 감아, 1차 코일에 '+, −' 극성이 바뀌는 교류 전류를 보내면 마치 자석을 운동시켜서 자기장을 형성하는 것처럼 1차 코일에서도 자기장을 형성한다. 이 자기장에 의해 2차 코일에 전류가 만들어지는데 이 전류를 유도전류라 한다. 변압기는 자기장의 에너지를 잘 전달할 수 있는 철심이 있으나, 자기 유도 방식은 철심이 없이 무선 전력 전송을 하는 것이다.
>
> 이러한 자기 유도 방식은 전력 전송 효율이 90% 이상으로 매우 높다는 장점이 있다. 하지만 1차 코일에 해당하는 송신부와 2차 코일에 해당하는 수신부가 수 센티미터 이상 떨어지거나 송신부와 수신부의 중심이 일치하지 않게 되면 전력 전송 효율이 급격히 저하된다는 문제점이 있다. 휴대전화 같은 경우, 충전 패드에 휴대전화를 올려놓는 방식으로 거리 문제를 해결하고 충전 패드 전체에 코일을 배치하여 송수신부 간 전송 효율을 높임으로써 무선 충전이 가능하도록 하였다. 다만 휴대전화는 직류 전류를 사용하기 때문에 1차 코일로부터 2차 코일에 유도된 교류 전류를 직류 전류로 변환해 주는 정류기가 충전 단계 전에 필요하다.
>
> 두 번째 전송 방식은 자기 공명 방식이다. 다양한 소리굽쇠 중에 하나를 두드리면 동일한 고유 진동수를 가지는 소리 굽쇠가 같이 진동하는 물리적 현상이 공명이다. 자기장에 공명이 일어나도록 1차 코일과 공진기를 설계하여 공진 주파수를 만든다. 이후 2차 코일과 공진기를 설계하여 공진 주파수가 전달되도록 하는 것이 자기 공명 방식의 원리이다.
>
> 이러한 특성으로 인해 자기 공명 방식은 자기 유도 방식과 달리 수 미터 가량 근거리 전력 전송이 가능하다는 장점이 있다. 이 방식이 상용화된다면, 송신부와 공명되는 여러 전자 제품을 전원을 연결하지 않아도 사용할 수 있거나 충전할 수 있다. 그러나 실험 단계의 코일 크기로는 일반 가전제품에 적용할 수 없으므로 코일을 소형화해야 할 필요가 있다. 따라서 이를 해결하기 위한 연구가 필요하다.

① 자기 공명 방식의 장점은 무엇인가?
② 자기 유도 방식의 문제점은 무엇인가?
③ 변압기에서 철심은 어떤 역할을 하는가?
④ 자기 공명 방식의 효율을 높이는 방법은 무엇인가?

(Tip) 자기 공명 방식의 효율을 높이는 방법은 위 글에 나타나 있지 않다.

Answer ➔ 28.④ 29.③ 30.④

03 대인관계능력

1 직장생활에서의 대인관계

(1) 대인관계능력

① 의미 : 직장생활에서 협조적인 관계를 유지하고, 조직구성원들에게 도움을 줄 수 있으며, 조직내부 및 외부의 갈등을 원만히 해결하고 고객의 요구를 충족시켜줄 수 있는 능력이다.

② 인간관계를 형성할 때 가장 중요한 것은 자신의 내면이다.

예제 1

인간관계를 형성하는데 있어 가장 중요한 것은?

① 외적 성격 위주의 사고
② 이해득실 위주의 만남
③ 자신의 내면
④ 피상적인 인간관계 기법

[출제의도]
인간관계형성에 있어서 가장 중요한 요소가 무엇인지 묻는 문제다.
[해설]
③ 인간관계를 형성하는데 있어서 가장 중요한 것은 자신의 내면이고 이때 필요한 기술이나 기법 등은 자신의 내면에서 자연스럽게 우러나와야 한다.

답 ③

---

(2) 대인관계 향상 방법

① 감정은행계좌 : 인간관계에서 구축하는 신뢰의 정도

② 감정은행계좌를 적립하기 위한 6가지 주요 예입 수단
　　㉠ 상대방에 대한 이해심
　　㉡ 사소한 일에 대한 관심
　　㉢ 약속의 이행
　　㉣ 기대의 명확화
　　㉤ 언행일치
　　㉥ 진지한 사과

대인관계능력을 구성하는 하위능력

(1) 팀워크능력

① 팀워크의 의미

    ㉠ 팀워크와 응집력
- 팀워크 : 팀 구성원이 공동의 목적을 달성하기 위해 상호 관계성을 가지고 협력하여 일을 해 나가는 것
- 응집력 : 사람들로 하여금 집단에 머물도록 만들고 그 집단의 멤버로서 계속 남아있기를 원하게 만드는 힘

| 예제 2 |

A회사에서는 격주로 사원 소식지 '우리가족'을 발행하고 있다. 이번 호의 특집 테마는 팀워크에 대한 것으로, 좋은 사례를 모으고 있다. 다음 중 팀워크의 사례로 가장 적절하지 않은 것은 무엇인가?

① 팀원들의 개성과 장점을 살려 사내 직원 연극대회에서 대상을 받을 수 있었던 사례
② 팀장의 갑작스러운 부재 상황에서 팀원들이 서로 역할을 분담하고 소통을 긴밀하게 하면서 팀의 당초 목표를 원만하게 달성할 수 있었던 사례
③ 자재 조달의 차질로 인해 납기 준수가 어려웠던 상황을 팀원들이 똘똘 뭉쳐 헌신적으로 일한 결과 주문 받은 물품을 성공적으로 납품할 수 있었던 사례
④ 팀의 분위기가 편안하고 인간적이어서 주기적인 직무순환 시기가 도래해도 다른 부서로 가고 싶어 하지 않는 사례

[출제의도]
팀워크와 응집력에 대한 문제로 각 용어에 대한 정의를 알고 이를 실제 사례를 통해 구분할 수 있어야 한다.
[해설]
④ 응집력에 대한 사례에 해당한다.

답 ④

    ㉡ 팀워크의 유형

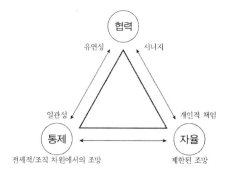

② 효과적인 팀의 특성

    ㉠ 팀의 사명과 목표를 명확하게 기술한다.
    ㉡ 창조적으로 운영된다.

ⓒ 결과에 초점을 맞춘다.

ⓡ 역할과 책임을 명료화시킨다.

ⓜ 조직화가 잘 되어 있다.

ⓑ 개인의 강점을 활용한다.

ⓢ 리더십 역량을 공유하며 구성원 상호간에 지원을 아끼지 않는다.

ⓞ 팀 풍토를 발전시킨다.

ⓩ 의견의 불일치를 건설적으로 해결한다.

ⓒ 개방적으로 의사소통한다.

ⓚ 객관적인 결정을 내린다.

ⓣ 팀 자체의 효과성을 평가한다.

③ 멤버십의 의미

　ⓖ 멤버십은 조직의 구성원으로서의 자격과 지위를 갖는 것으로 훌륭한 멤버십은 팔로워십 (followership)의 역할을 충실하게 수행하는 것이다.

　ⓛ 멤버십 유형 : 독립적 사고와 적극적 실천에 따른 구분

구분	소외형	순응형	실무형	수동형	주도형
자아상	• 자립적인 사람 • 일부러 반대의견 제시 • 조직의 양심	• 기쁜 마음으로 과업 수행 • 팀플레이를 함 • 리더나 조직을 믿고 헌신함	• 조직의 운영방침에 민감 • 사건을 균형 잡힌 시각으로 봄 • 규정과 규칙에 따라 행동함	• 판단, 사고를 리더에 의존 • 지시가 있어야 행동	• 스스로 생각하고 건설적 비판을 하며 자기 나름의 개성이 있고 혁신적·창조적 • 솔선수범하고 주인의식을 가지며 적극적으로 참여하고 자발적, 기대 이상의 성과를 내려고 노력
동료/리더의 시각	• 냉소적 • 부정적 • 고집이 셈	• 아이디어가 없음 • 인기 없는 일은 하지 않음 • 조직을 위해 자신과 가족의 요구를 양보함	• 개인의 이익을 극대화하기 위한 흥정에 능함 • 적당한 열의와 평범한 수완으로 업무 수행	• 하는 일이 없음 • 제 몫을 하지 못 함 • 업무 수행에는 감독이 반드시 필요	
조직에 대한 자신의 느낌	• 자신을 인정 안 해줌 • 적절한 보상이 없음 • 불공정하고 문제가 있음	• 기존 질서를 따르는 것이 중요 • 리더의 의견을 거스르는 것은 어려운 일임 • 획일적인 태도 행동에 익숙함	• 규정준수를 강조 • 명령과 계획의 빈번한 변경 • 리더와 부하 간의 비인간적 풍토	• 조직이 나의 아이디어를 원치 않음 • 노력과 공헌을 해도 아무 소용이 없음 • 리더는 항상 자기 마음대로 함	

④ 팀워크 촉진 방법

  ㉠ 동료 피드백 장려하기

  ㉡ 갈등 해결하기

  ㉢ 창의력 조성을 위해 협력하기

  ㉣ 참여적으로 의사결정하기

(2) 리더십능력

① 리더십의 의미 : 리더십이란 조직의 공통된 목적을 달성하기 위하여 개인이 조직원들에게 영향을 미치는 과정이다.

  ㉠ 리더십 발휘 구도 : 산업 사회에서는 상사가 하급자에게 리더십을 발휘하는 수직적 구조였다면 정보 사회로 오면서 하급자뿐만 아니라 동료나 상사에게까지도 발휘하는 정방위적 구조로 바뀌었다.

  ㉡ 리더와 관리자

리더	관리자
• 새로운 상황 창조자	• 상황에 수동적
• 혁신지향적	• 유지지향적 둠.
• 내일에 초점을 둠.	• 오늘에 초점을 둠.
• 사람의 마음에 불을 지핀다.	• 사람을 관리한다.
• 사람을 중시	• 체제나 기구를 중시
• 정신적	• 기계적
• 계산된 리스크를 취한다.	• 리스크를 회피한다.
• '무엇을 할까'를 생각한다.	• '어떻게 할까'를 생각한다.

예제 3

리더에 대한 설명으로 옳지 않은 것은?

① 사람을 중시한다.

② 오늘에 초점을 둔다.

③ 혁신지향적이다.

④ 새로운 상황 창조자이다.

[출제의도]
리더와 관리자에 대한 문제로 각각에 대해 완벽하게 구분할 수 있어야 한다.
[해설]
② 리더는 내일에 초점을 둔다.

답 ②

---

② 리더십 유형

  ㉠ **독재자 유형** : 정책의사결정과 대부분의 핵심정보를 그들 스스로에게만 국한하여 소유하고 고수하려는 경향이 있다. 통제 없이 방만한 상태, 가시적인 성과물이 안 보일 때 효과적이다.

ⓛ **민주주의에 근접한 유형** : 그룹에 정보를 잘 전달하려고 노력하고 전체 그룹의 구성원 모두를 목표방향으로 설정에 참여하게 함으로써 구성원들에게 확신을 심어주려고 노력한다. 혁신적이고 탁월한 부하직원들을 거느리고 있을 때 효과적이다.

　　　ⓒ **파트너십 유형** : 리더와 집단 구성원 사이의 구분이 희미하고 리더가 조직에서 한 구성원이 되기도 한다. 소규모 조직에서 경험, 재능을 소유한 조직원이 있을 때 효과적으로 활용할 수 있다.

　　　ⓔ **변혁적 리더십 유형** : 개개인과 팀이 유지해 온 업무수행 상태를 뛰어넘어 전체 조직이나 팀원들에게 변화를 가져오는 원동력이 된다. 조직에 있어 획기적인 변화가 요구될 때 활용할 수 있다.

③ **동기부여 방법**

　　ⓖ 긍정적 강화법을 활용한다.

　　ⓛ 새로운 도전의 기회를 부여한다.

　　ⓒ 창의적인 문제해결법을 찾는다.

　　ⓔ 책임감으로 철저히 무장한다.

　　ⓜ 몇 가지 코칭을 한다.

　　ⓗ 변화를 두려워하지 않는다.

　　ⓟ 지속적으로 교육한다.

④ **코칭**

　　ⓖ 코칭은 조직의 지속적인 성장과 성공을 만들어내는 리더의 능력으로 직원들의 능력을 신뢰하며 확신하고 있다는 사실에 기초한다.

　　ⓛ **코칭의 기본 원칙**

　　　• 관리는 만병통치약이 아니다.

　　　• 권한을 위임한다.

　　　• 훌륭한 코치는 뛰어난 경청자이다.

　　　• 목표를 정하는 것이 가장 중요하다.

⑤ **임파워먼트** : 조직성원들을 신뢰하고 그들의 잠재력을 믿으며 그 잠재력의 개발을 통해 High Performance 조직이 되도록 하는 일련의 행위이다.

　　ⓖ **임파워먼트의 이점**(High Performance 조직의 이점)

　　　• 나는 매우 중요한 일을 하고 있으며, 이 일은 다른 사람이 하는 일보다 훨씬 중요한 일이다.

　　　• 일의 과정과 결과에 나의 영향력이 크게 작용했다.

　　　• 나는 정말로 도전하고 있고 나는 계속해서 성장하고 있다.

　　　• 우리 조직에서는 아이디어가 존중되고 있다.

　　　• 내가 하는 일은 항상 재미가 있다.

- 우리 조직의 구성원들은 모두 대단한 사람들이며, 다 같이 협력해서 승리하고 있다.

  ⓛ 임파워먼트의 충족 기준
- 여건의 조건 : 사람들이 자유롭게 참여하고 기여할 수 있는 여건 조성
- 재능과 에너지의 극대화
- 명확하고 의미 있는 목적에 초점

  ⓒ 높은 성과를 내는 임파워먼트 환경의 특징
- 도전적이고 흥미 있는 일
- 학습과 성장의 기회
- 높은 성과와 지속적인 개선을 가져오는 요인들에 대한 통제
- 성과에 대한 지식
- 긍정적인 인간관계
- 개인들이 공헌하며 만족한다는 느낌
- 상부로부터의 지원

  ⓔ 임파워먼트의 장애요인
- 개인 차원 : 주어진 일을 해내는 역량의 결여, 동기의 결여, 결의의 부족, 책임감 부족, 의존성
- 대인 차원 : 다른 사람과의 성실성 결여, 약속 불이행, 성과를 제한하는 조직의 규범, 갈등처리 능력 부족, 승패의 태도
- 관리 차원 : 통제적 리더십 스타일, 효과적 리더십 발휘 능력 결여, 경험 부족, 정책 및 기획의 실행 능력 결여, 비전의 효과적 전달능력 결여
- 조직 차원 : 공감대 형성이 없는 구조와 시스템, 제한된 정책과 절차

⑥ 변화관리의 3단계 : 변화 이해 → 변화 인식 → 변화 수용

(3) 갈등관리능력

① 갈등의 의미 및 원인
  ㉠ 갈등이란 상호 간의 의견차이 때문에 생기는 것으로 당사가 간에 가치, 규범, 이해, 아이디어, 목표 등이 서로 불일치하여 충돌하는 상태를 의미한다.
  ㉡ 갈등을 확인할 수 있는 단서
- 지나치게 감정적으로 논평과 제안을 하는 것
- 타인의 의견발표가 끝나기도 전에 타인의 의견에 대해 공격하는 것
- 핵심을 이해하지 못한데 대해 서로 비난하는 것
- 편을 가르고 타협하기를 거부하는 것
- 개인적인 수준에서 미묘한 방식으로 서로를 공격하는 것

  ㉢ 갈등을 증폭시키는 원인 : 적대적 행동, 입장 고수, 감정적 관여 등

② 실제로 존재하는 갈등 파악
　　㉠ 갈등의 두 가지 쟁점

핵심 문제	감정적 문제
• 역할 모호성 • 방법에 대한 불일치 • 목표에 대한 불일치 • 절차에 대한 불일치 • 책임에 대한 불일치 • 가치에 대한 불일치 • 사실에 대한 불일치	• 공존할 수 없는 개인적 스타일 • 통제나 권력 확보를 위한 싸움 • 자존심에 대한 위협 • 질투 • 분노

| 예제 4

갈등의 두 가지 쟁점 중 감정적 문제에 대한 설명으로 적절하지 않은 것은?

① 공존할 수 없는 개인적 스타일
② 역할 모호성
③ 통제나 권력 확보를 위한 싸움
④ 자존심에 대한 위협

[출제의도]
갈등의 두 가지 쟁점인 핵심문제와 감정적 문제에 대해 묻는 문제로 이 두 가지 쟁점을 구분할 수 있는 능력이 필요하다.
[해설]
② 갈등의 두 가지 쟁점 중 핵심 문제에 대한 설명이다.

답 ②

　　㉡ 갈등의 두 가지 유형
　　• 불필요한 갈등 : 개개인이 저마다 문제를 다르게 인식하거나 정보가 부족한 경우, 편견 때문에 발생한 의견 불일치로 적대적 감정이 생길 때 불필요한 갈등이 일어난다.
　　• 해결할 수 있는 갈등 : 목표와 욕망, 가치, 문제를 바라보는 시각과 이해하는 시각이 다를 경우에 일어날 수 있는 갈등이다.

③ 갈등해결 방법
　　㉠ 다른 사람들의 입장을 이해한다.
　　㉡ 사람들이 당황하는 모습을 자세하게 살핀다.
　　㉢ 어려운 문제는 피하지 말고 맞선다.
　　㉣ 자신의 의견을 명확하게 밝히고 지속적으로 강화한다.
　　㉤ 사람들과 눈을 자주 마주친다.
　　㉥ 마음을 열어놓고 적극적으로 경청한다.
　　㉦ 타협하려 애쓴다.
　　㉧ 어느 한쪽으로 치우치지 않는다.

ⓩ 논쟁하고 싶은 유혹을 떨쳐낸다.

ⓩ 존중하는 자세로 사람들을 대한다.

④ 윈-윈(Win-Win) 갈등 관리법 : 갈등과 관련된 모든 사람으로부터 의견을 받아서 문제의 본질적인 해결책을 얻고자 하는 방법이다.

⑤ **갈등을 최소화하기 위한 기본원칙**

ⓐ 먼저 다른 팀원의 말을 경청하고 나서 어떻게 반응할 것인가를 결정한다.

ⓑ 모든 사람이 거의 대부분의 문제에 대해 나름의 의견을 가지고 있다는 점을 인식한다.

ⓒ 의견의 차이를 인정한다.

ⓓ 팀 갈등해결 모델을 사용한다.

ⓔ 자신이 받기를 원하지 않는 형태로 남에게 작업을 넘겨주지 않는다.

ⓕ 다른 사람으로부터 그러한 작업을 넘겨받지 않는다.

ⓖ 조금이라도 의심이 날 때에는 분명하게 말해 줄 것을 요구한다.

ⓗ 가정하는 것은 위험하다.

ⓘ 자신의 책임이 어디서부터 어디까지인지를 명확히 하고 다른 팀원의 책임과 어떻게 조화 되는지를 명확히 한다.

ⓙ 자신이 알고 있는 바를 알 필요가 있는 사람들을 새롭게 파악한다.

ⓚ 다른 팀원과 불일치하는 쟁점이나 사항이 있다면 다른 사람이 아닌 당사자에게 직접 말한다.

(4) 협상능력

① **협상의 의미**

ⓐ **의사소통 차원** : 이해당사자들이 자신들의 욕구를 충족시키기 위해 상대방으로부터 최선의 것을 얻어내려 설득하는 커뮤니케이션 과정

ⓑ **갈등해결 차원** : 갈등관계에 있는 이해당사자들이 대화를 통해서 갈등을 해결하고자 하는 상호작용과정

ⓒ **지식과 노력 차원** : 우리가 얻고자 하는 것을 가진 사람의 호의를 쟁취하기 위한 것에 관한 지식이며 노력의 분야

ⓓ **의사결정 차원** : 선호가 서로 다른 협상 당사자들이 합의에 도달하기 위해 공동으로 의사결 정 하는 과정

ⓔ **교섭 차원** : 둘 이상의 이해당사자들이 여러 대안들 가운데서 이해당사자들 모두가 수용 가 능한 대안을 찾기 위한 의사결정과정

② 협상 과정

단계	내용
협상 시작	• 협상 당사자들 사이에 상호 친근감을 쌓음 • 간접적인 방법으로 협상의사를 전달함 • 상대방의 협상의지를 확인함 • 협상진행을 위한 체제를 짬
상호 이해	• 갈등문제의 진행상황과 현재의 상황을 점검함 • 적극적으로 경청하고 자기주장을 제시함 • 협상을 위한 협상대상 안건을 결정함
실질 이해	• 겉으로 주장하는 것과 실제로 원하는 것을 구분하여 실제로 원하는 것을 찾아 냄 • 분할과 통합 기법을 활용하여 이해관계를 분석함
해결 대안	• 협상 안건마다 대안들을 평가함 • 개발한 대안들을 평가함 • 최선의 대안에 대해서 합의하고 선택함 • 대안 이행을 위한 실행계획을 수립함
합의 문서	• 합의문을 작성함 • 합의문상의 합의내용, 용어 등을 재점검함 • 합의문에 서명함

③ 협상전략

ㄱ **협력전략** : 협상 참여자들이 협동과 통합으로 문제를 해결하고자 하는 협력적 문제해결전략

ㄴ **유화전략** : 양보전략으로 상대방이 제시하는 것을 일방적으로 수용하여 협상의 가능성을 높이려는 전략이다. 순응전략, 화해전략, 수용전략이라고도 한다.

ㄷ **회피전략** : 무행동전략으로 협상으로부터 철수하는 철수전략이다. 협상을 피하거나 잠정적으로 중단한다.

ㄹ **강압전략** : 경쟁전략으로 자신이 상대방보다 힘에 있어서 우위를 점유하고 있을 때 자신의 이익을 극대화하기 위한 공격적 전략이다.

④ 상대방 설득 방법의 종류

ㄱ **See-Feel-Change 전략** : 시각화를 통해 직접 보고 스스로가 느끼게 하여 변화시켜 설득에 성공하는 전략

ㄴ **상대방 이해 전략** : 상대방에 대한 이해를 바탕으로 갈등해결을 용이하게 하는 전략

ㄷ **호혜관계 형성 전략** : 혜택들을 주고받은 호혜관계 형성을 통해 협상을 용이하게 하는 전략

ㄹ **헌신과 일관성 전략** : 협상 당사자 간에 기대하는 바에 일관성 있게 헌신적으로 부응하여 행동함으로서 협상을 용이하게 하는 전략

    ⓜ **사회적 입증 전략** : 과학적인 논리보다 동료나 사람들의 행동에 의해서 상대방을 설득하는 전략

    ⓗ **연결전략** : 갈등 문제와 갈등관리자를 연결시키는 것이 아니라 갈등을 야기한 사람과 관리자를 연결시킴으로서 협상을 용이하게 하는 전략

    ⓢ **권위전략** : 직위나 전문성, 외모 등을 활용하여 협상을 용이하게 하는 전략

    ⓞ **희소성 해결 전략** : 인적, 물적 자원 등의 희소성을 해결함으로서 협상과정상의 갈등해결을 용이하게 하는 전략

    ⓩ **반항심 극복 전략** : 억압하면 할수록 더욱 반항하게 될 가능성이 높아지므로 이를 피함으로서 협상을 용이하게 하는 전략

(5) 고객서비스능력

① **고객서비스의 의미** : 고객서비스란 다양한 고객의 요구를 파악하고 대응법을 마련하여 고객에게 양질의 서비스를 제공하는 것을 말한다.

② **고객의 불만표현 유형 및 대응방안**

불만표현 유형	대응방안
거만형	• 정중하게 대하는 것이 좋다. • 자신의 과시욕이 채워지도록 뽐내게 내버려 둔다. • 의외로 단순한 면이 있으므로 일단 호감을 얻게 되면 득이 될 경우도 있다.
의심형	• 분명한 증거나 근거를 제시하여 스스로 확신을 갖도록 유도한다. • 때로는 책임자로 하여금 응대하는 것도 좋다.
트집형	• 이야기를 경청하고 맞장구를 치며 추켜세우고 설득해 가는 방법이 효과적이다. • '손님의 말씀이 맞습니다.' 하고 고객의 지적이 옳음을 표시한 후 ' 저도 그렇게 생각하고 있습니다만……' 하고 설득한다. • 잠자코 고객의 의견을 경청하고 사과를 하는 응대가 바람직하다.
빨리빨리형	• '글쎄요.', '아마' 하는 식으로 애매한 화법을 사용하지 않는다. • 만사를 시원스럽게 처리하는 모습을 보이면 응대하기 쉽다.

③ 고객 불만처리 프로세스

단계	내용
경청	• 고객의 항의를 경청하고 끝까지 듣는다. • 선입관을 버리고 문제를 파악한다.
감사와 공감표시	• 일부러 시간을 내서 해결의 기회를 준 것에 감사를 표시한다. • 고객의 항의에 공감을 표시한다.
사과	• 고객의 이야기를 듣고 문제점에 대해 인정하고, 잘못된 부분에 대해 사과한다.
해결약속	• 고객이 불만을 느낀 상황에 대해 관심과 공감을 보이며, 문제의 빠른 해결을 약속한다.
정보파악	• 문제해결을 위해 꼭 필요한 질문만 하여 정보를 얻는다. • 최선의 해결방법을 찾기 어려우면 고객에게 어떻게 해주면 만족스러운지를 묻는다.
신속처리	• 잘못된 부분을 신속하게 시정한다.
처리확인과 사과	• 불만처리 후 고객에게 처리 결과에 만족하는지를 물어본다.
피드백	• 고객 불만 사례를 회사 및 전 직원에게 알려 다시는 동일한 문제가 발생하지 않도록 한다.

④ 고객만족 조사

　㉠ 목적 : 고객의 주요 요구를 파악하여 가장 중요한 고객요구를 도출하고 자사가 가지고 있는 자원을 토대로 경영 프로세스의 개선에 활용함으로써 경쟁력을 증대시키는 것이다.

　㉡ 고객만족 조사계획에서 수행되어야 할 것

　• 조사 분야 및 대상 결정

　• 조사목적 설정 : 전체적 경향의 파악, 고객에 대한 개별대응 및 고객과의 관계유지 파악, 평가목적, 개선목적

　• 조사방법 및 횟수

　• 조사결과 활용 계획

｜ 예제 5

고객중심 기업의 특징으로 옳지 않은 것은?

① 고객이 정보, 제품, 서비스 등에 쉽게 접근할 수 있도록 한다.
② 보다 나은 서비스를 제공할 수 있도록 기업정책을 수립한다.
③ 고객 만족에 중점을 둔다.
④ 기업이 행한 서비스에 대한 평가는 한번으로 끝낸다.

[출제의도]
고객서비스능력에 대한 포괄적인 문제로 실제 고객중심 기업의 입장에서 생각해 보면 쉽게 풀 수 있는 문제다.
[해설]
④ 기업이 행한 서비스에 대한 평가는 수시로 이루어져야 한다.

답 ④

1   다음의 대화를 통해 알 수 있는 내용으로 가장 알맞은 것은?

> K팀장 : 좋은 아침입니다. 어제 말씀드린 보고서는 다 완성이 되었나요?
> L사원 : 예, 아직 완성을 하지 못했습니다. 시간이 많이 부족한 것 같습니다.
> K팀장 : 보고서를 작성하는데 어려움이 있나요?
> L사원 : 팀장님의 지시대로 하는데 어려움은 없습니다. 그러나 저에게 주신 자료 중 잘못
>   된 부분이 있는 것 같습니다.
> K팀장 : 아. 저도 몰랐던 부분이네요. 잘못된 점이 무엇인가요?
> L사원 : 직접 보시면 아실 것 아닙니까? 일부러 그러신 겁니까?
> K팀장 : 아 그렇습니까?

① K팀장은 아침부터 L사원을 나무라고 있다.
② L사원은 K팀장과 사이가 좋지 못하다.
③ K팀장은 리더로서의 역할이 부족하다.
④ L사원은 팀원으로서의 팔로워십이 부족하다.

   대화를 보면 L사원이 팔로워십이 부족함을 알 수 있다. 팔로워십은 팀의 구성원으로서의
역할을 충실하게 잘 수행하는 능력을 말한다. L사원은 헌신, 전문성, 용기, 정직, 현명함을
갖추어야 하고 리더의 결점이 있으면 올바르게 지적하되 덮어주는 아량을 갖추어야 한다.

Answer ↱ 1.④

2 제약회사 영업부에 근무하는 U씨는 영업부 최고의 성과를 올리는 영업사원으로 명성이 자자하다. 그러나 그런 그에게도 단점이 있었으니 그것은 바로 서류 작업을 정시에 마친 적이 없다는 것이다. U씨가 회사로 복귀하여 서류 작업을 지체하기 때문에 팀 전체의 생산성에 차질이 빚어지고 있다면 영업부 팀장인 K씨의 행동으로 올바른 것은?

① U씨의 영업실적은 뛰어나므로 다른 직원에게 서류 작업을 지시한다.

② U씨에게 퇴근 후 서류 작업을 위한 능력을 개발하라고 지시한다.

③ U씨에게 서류작업만 할 수 있는 아르바이트 직원을 붙여준다.

④ U씨로 인한 팀의 분위기를 설명하고 해결책을 찾아보라고 격려한다.

> 팀장인 K씨는 U씨에게 팀의 생산성에 영향을 미치는 내용을 상세히 설명하고 이 문제와 관련하여 해결책을 스스로 강구하도록 격려하여야 한다.

3 다음 사례에서 박부장이 취할 수 있는 행동으로 적절하지 않은 것은?

> OO기업에 다니는 박부장은 최근 경기침체에 따른 회사의 매출부진과 관련하여 근무환경을 크게 변화시키기로 결정하였다. 하지만 그의 부하들은 물론 상사와 동료들조차도 박부장의 결정에 회의적이었고 부정적인 시각을 내보였다. 그들은 변화에 소극적이었으며 갑작스런 변화는 오히려 회사의 존립자체를 무너뜨릴 수 있다고 판단하였다. 하지만 박부장은 갑작스런 변화가 처음에는 회사를 좀 더 어렵게 할 수는 있으나 장기적으로 본다면 틀림없이 회사에 큰 장점으로 작용할 것이라고 확신하고 있었고 여기에는 전 직원의 협력과 노력이 필요하였다.

① 직원들의 감정을 세심하게 살핀다.

② 변화의 긍정적인 면을 강조한다.

③ 주관적인 자세를 유지한다.

④ 변화에 적응할 시간을 준다.

> 변화에 소극적인 직원들을 성공적으로 이끌기 위한 방법
> ㉠ 개방적인 분위기를 조성한다.
> ㉡ 객관적인 자세를 유지한다.
> ㉢ 직원들의 감정을 세심하게 살핀다.
> ㉣ 변화의 긍정적인 면을 강조한다.
> ㉤ 변화에 적응할 시간을 준다.

4 다음 열거된 항목들 중, 팀원에게 제시할 수 있는 '팀원의 강점을 잘 활용하여 팀 목표를 달성하는 효과적인 팀'의 핵심적인 특징으로 선택하기에 적절하지 않은 것은?

> ㈎ 객관적인 결정을 내린다.
> ㈏ 팀의 사명과 목표를 명확하게 기술한다.
> ㈐ 역할과 책임을 명료화시킨다.
> ㈑ 개인의 강점을 활용하기보다 짜인 시스템을 활용한다.
> ㈒ 의견의 불일치를 건설적으로 해결한다.
> ㈓ 결과보다 과정과 방법에 초점을 맞춘다.

① ㈎, ㈐, ㈑ ② ㈏ ㈒, ㈑, ㈓
③ ㈑, ㈓ ④ ㈒, ㈓

 ㈑-개인의 감정을 활용한다.
  ㈓-과정과 방법이 아닌 결과에 초점을 맞추어야 한다.
 ※ 효과적인 팀의 핵심적인 특징으로는 다음과 같은 것들이 있다.
  ㉠ 팀의 사명과 목표를 명확하게 기술한다.
  ㉡ 창조적으로 운영된다.
  ㉢ 결과에 초점을 맞춘다.
  ㉣ 역할과 책임을 명료화시킨다.
  ㉤ 조직화가 잘되어 있다.
  ㉥ 개인의 강점을 활용한다.
  ㉦ 리더십 역량을 공유하며 구성원 상호간에 지원을 아끼지 않는다.
  ㉧ 의견의 불일치를 건설적으로 해결한다.
  ㉨ 개방적인 의사소통을 하고 객관적인 결정을 내리나.

Answer┌→ 2.④ 3.③ 4.③

5 다음의 사례를 보고 뉴욕의 리츠칼튼 호텔의 고객서비스의 특징으로 옳은 것은?

> Robert는 미국 출장길에 샌프란시스코의 리츠칼튼 호텔에서 하루를 묵은 적이 있었다. 그는 서양식의 푹신한 베개가 싫어서 프런트에 전화를 걸어 좀 딱딱한 베개를 가져다 달라고 요청하였다. 호텔 측은 곧이어 딱딱한 베개를 구해왔고 덕분에 잘 잘 수 있었다.
> 다음날 현지 업무를 마치고 다음 목적지인 뉴욕으로 가서 우연히 다시 리츠칼튼 호텔에서 묵게 되었는데 아무 생각 없이 방 안에 들어간 그는 깜짝 놀랐다. 침대 위에 전날 밤 사용하였던 것과 같은 딱딱한 베개가 놓여 있는 게 아닌가.
> 어떻게 뉴욕의 호텔이 그것을 알았는지 그저 놀라울 뿐이었다. 그는 호텔 측의 이 감동적인 서비스를 잊지 않고 출장에서 돌아와 주위 사람들에게 침이 마르도록 칭찬했다.
> 어떻게 이런 일이 가능했을까? 리츠칼튼 호텔은 모든 체인점이 항시 공유할 수 있는 고객 데이터베이스를 구축하고 있었고, 데이터베이스에 저장된 정보를 활용해서 그 호텔을 다시 찾는 고객에게 완벽한 서비스를 제공하고 있었던 것이다.

① 불만 고객에 대한 사후 서비스가 철저하다.
② 신규 고객 유치를 위해 이벤트가 다양하다.
③ 고객이 물어보기 전에 고객이 원하는 것을 실행한다.
④ 고객이 원하는 것이 이루어질 때까지 노력한다.

 리츠칼튼 호텔은 고객이 무언가를 물어보기 전에 고객이 원하는 것에 먼저 다가가는 것을 서비스 정신으로 삼고 있다. 기존 고객의 데이터베이스를 공유하여 고객이 원하는 서비스를 미리 제공할 수 있는 것이다.

6 리더는 조직원들에게 지속적으로 자신의 잠재력을 발휘하도록 만들기 위한 외적인 동기 유발제 그 이상을 제공해야 한다. 이러한 리더의 역량이라고 볼 수 없는 것은?

① 조직을 위험에 빠지지 않도록 리스크 관리를 철저히 하여 안심하고 근무할 수 있도록 해준다.
② 높은 성과를 달성한 조직원에게는 따뜻한 말과 칭찬으로 보상해 준다.
③ 직원 자신이 상사로부터 인정받고 있으며 일부 권한을 위임받았다고 느낄 수 있도록 동기를 부여한다.
④ 직원들이 자신의 업무에 책임을 지도록 하는 환경 속에서 일할 수 있게 해 준다.

 리더는 변화를 두려워하지 않아야 하며, 리스크를 극복할 자질을 키워야한다. 위험을 감수해야 할 이유가 합리적이고 목표가 실현가능한 것이라면 직원들은 기꺼이 변화를 향해 나아갈 것이며, 위험을 선택한 자신에게 자긍심을 가지며 좋은 결과를 이끌어내고자 지속적으로 노력할 것이다.

7 직장생활을 하다보면 조직원들 사이에 갈등이 존재할 수 있다. 이러한 갈등은 서로 불일치하는 규범, 이해, 목표 등이 충돌하는 상태를 의미한다. 다음 중 갈등을 확인할 수 있는 단서로 볼 수 없는 것은?

① 지나치게 논리적으로 논평과 제안을 하는 태도

② 타인의 의견발표가 끝나기도 전에 타인의 의견에 대해 공격하는 태도

③ 핵심을 이해하지 않고 무조건 상대를 비난하는 태도

④ 무조건 편을 가르고 타협하기를 거부하는 태도

 갈등을 확인할 수 있는 단서
  ㉠ 지나치게 감정적으로 논평과 제안을 하는 것
  ㉡ 타인의 의견발표가 끝나기도 전에 타인의 의견에 대해 공격하는 것
  ㉢ 핵심을 이해하지 못한 채 서로 비난하는 것
  ㉣ 편을 가르고 타협하기를 거부하는 것
  ㉤ 개인적인 수준에서 미묘한 방식으로 서로를 공격하는 것

8 다음 중 임파워먼트에 해당하는 가장 적절한 사례는 무엇인가?

① 영업부 팀장 L씨는 사원 U씨에게 지난 상반기의 판매 수치를 정리해 오라고 요청하였다. 또한 데이터베이스를 업데이트하고, 회계부서에서 받은 수치를 반영하여 새로운 보고서를 제출하라고 지시하였다.

② 편집부 팀장 K씨는 사원 S씨에게 지난 3달간의 도서 판매 실적을 정리해 달라고 요청하였다. 또한 신간등록이 되어 있는지 확인 후 업데이트하고, 하반기에 내놓을 새로운 도서의 신간 기획안을 제출하라고 지시하였다.

③ 마케팅팀 팀장 I씨는 사원 Y씨에게 상반기 판매 수치를 정리하고 이 수치를 분석하여 하반기 판매 향상에 도움이 될 만한 마케팅 계획을 직접 개발하도록 지시했다.

④ 홍보부 팀장 H씨는 사원 R씨에게 지난 2년간의 회사 홍보물 내용을 검토하고 업데이트 할 내용을 정리한 후 보고서로 작성하여 10부를 복사해 놓으라고 지시하였다.

 임파워먼트는 권한 위임을 의미한다. 직원들에게 일정 권한을 위임함으로서 훨씬 수월하게 성공의 목표를 이룰 수 있을 뿐 아니라 존경받는 리더로 거듭날 수 있다. 권한 위임을 받은 직원은 자신의 능력을 인정받아 권한을 위임받았다고 인식하는 순간부터 업무효율성이 증가하게 된다.

Answer 5.③ 6.① 7.① 8.③

9 다음에 해당하는 리더십의 유형은?

> • 구성원에게 권한을 부여하고, 자신감을 불어넣는다.
> • 구성원에게 도전적 목표와 임무, 미래의 비전을 추구하도록 한다.
> • 구성원에게 개별적 관심과 배려를 보이고, 지적 자극을 준다.

① 카리스마적 리더십　　　　　② 변혁적 리더십

③ 발전적 리더십　　　　　　　④ 촉매적 리더십

 ① 카리스마적 리더가 뛰어난 개인적 능력으로 부하에게 심대하고 막중한 영향을 미친다.
③ 리더는 부하중심적이며, 부하에게 봉사한다.
④ 연관성이 높은 공공문제를 해결하기 위해서는 촉매작용적 기술과 능력이 필요하며 리더
는 전략적으로 사고해야 한다.

10 갈등관리 상황에서 자기와 상대이익을 만족시키려는 의도가 다 같이 높을 때 제시될 수 있는 갈등해소 방안으로 가장 적합한 것은?

① 협동　　　　　　　　　　　② 경쟁

③ 타협　　　　　　　　　　　④ 회피

구분		상대방의 이익을 만족시키려는 정도		
		낮음	중간	높음
자신의 이익을 만족시키려는 정도	낮음	회피		순응
	중간		타협	
	높음	경쟁		협동

11 '협상'을 위해 취하여하 할 ㈎~㈑의 행동을 바람직한 순서대로 알맞게 나열한 것은?

> ㈎ 자신의 의견을 적극적으로 개진하여 상대방이 수용할 수 있는 근거를 제시한다.
> ㈏ 상대방의 의견을 경청하고 자신의 주장을 제시한다.
> ㈐ 합의를 통한 결과물을 도출하여 최종 서명을 이끌어낸다.
> ㈑ 상대방 의견을 분석하여 무엇이 그러한 의견의 근거가 되었는지 찾아낸다.

① ㈑－㈐－㈏－㈎

② ㈑－㈎－㈏－㈐

③ ㈏－㈎－㈐－㈑

④ ㈏－㈑－㈎－㈐

 협상은 보통 '협상 시작→상호 이해→실질 이해→해결 대안→합의 문서'의 다섯 단계로 구분한다. 제시된 보기는 ㈎-해결 대안, ㈏-상호 이해, ㈐-합의 문서, ㈑-실질 이해이다.

12 윈-윈(WIN-WIN) 갈등 관리법에 대한 설명으로 적절하지 않은 것은?

① 문제의 근본적인 해결책을 얻는 방법이다.

② 갈등을 피하거나 타협으로 예방하기 위한 방법이다.

③ 갈등 당사자 서로가 원하는 바를 얻을 수 있는 방법이다.

④ 긍정적인 접근방식에 의거한 갈등해결 방법이다.

 갈등을 피하거나 타협으로 예방하려는 것은 문제를 근본적으로 해결하기에 한계가 있으므로 갈등에 관련된 모든 사람들의 의견을 받아 본질적인 해결책을 얻는 방법이 윈-윈 갈등 관리법이다.

Answer 9.② 10.① 11.④ 12.②

13 다음 중 효과적인 팀의 특성으로 옳지 않은 것은?

① 팀의 사명과 목표를 명확하게 기술한다.

② 역할과 책임을 명료화시킨다.

③ 리더십 역량을 공유하며 구성원 상호간에 지원을 아끼지 않는다.

④ 주관적인 결정을 내린다.

 효과적인 팀의 특성
㉠ 팀의 사명과 목표를 명확하게 기술한다.
㉡ 창조적으로 운영된다.
㉢ 결과에 초점을 맞춘다.
㉣ 역할과 책임을 명료화시킨다.
㉤ 조직화가 잘 되어 있다.
㉥ 개인의 강점을 활용한다.
㉦ 리더십 역량을 공유하며 구성원 상호간에 지원을 아끼지 않는다.
㉧ 팀 풍토를 발전시킨다.
㉨ 의견의 불일치를 건설적으로 해결한다.
㉩ 개방적으로 의사소통을 한다.
㉪ 객관적인 결정을 내린다.
㉫ 팀 자체의 효과성을 평가한다.

14 다음의 사례는 FABE 화법을 활용한 대화내용이다. 이를 읽고 밑줄 친 부분에 대한 내용으로 가장 알맞은 것을 고르시오.

<개인 보험가입에 있어서의 재무 설계 시 이점>

상담원 : 저희 보험사의 재무 설계는 고객님의 자산 흐름을 상당히 효과적으로 만들어 줍니다.

상담원 : 그로 인해 고객님께서는 언제든지 원하는 때에 원하는 일을 이룰 수 있습니다.

상담원 : <u>그 중에서도 가장 소득이 적고 많은 비용이 들어가는 은퇴시기에 고객님은 편안하게 여행을 즐기시고 또한 언제든지 친구들을 만나서 부담 없이 만나 행복한 시간을 보낼 수 있습니다.</u>

상담원 : 저희 보험사에서 재무 설계는 우선 예산을 조정해 드리고 있으며, 선택과 집중을 통해 고객님의 생애에 있어 가장 중요한 부분들을 먼저 준비할 수 있도록 도와드리기 때문입니다.

---

① 해당 상품 및 서비스의 설명이 완료되어 마무리하는 부분이다.

② 해당 이익이 고객에게 반영될 시에 발생 가능한 상황을 공감시키는 과정이다.

③ 이득이 발생할 수 있음을 예시하는 것이라 할 수 있다.

④ 제시하는 상품의 특징을 언급하는 부분이라 할 수 있다.

 B 혜택(beneifts)을 가시화시켜 설명하는 단계로 제시하는 이익이 고객에게 반영되는 경우 실제적으로 발생할 상황을 공감시키는 과정이다. 지문은 실제 발생 가능한 상황을 제시하였으며, 만족·행복에 대한 공감을 하도록 유도하는 과정이다.

15 이해당사자들이 대화와 논쟁을 통해서 서로를 설득하여 문제를 해결하는 것을 협상이라고 한다. 다음 중 협상의 예로 볼 수 없는 것은?

① 남편은 외식을 하자고 하나 아내는 생활비의 부족으로 인하여 외식을 거부하였다. 아내는 집에서 고기를 굽고 맥주를 한 잔 하면서 외식을 하는 분위기를 내자고 새로운 제안을 하였고 남편은 이에 흔쾌히 승낙하였다.

② K씨는 3월이 다가오자 연봉협상에 큰 기대를 갖고 있다. 그러나 회사 사정이 어려워지면서 사장은 연봉을 올려줄 수 없는 상황이 되었고 K씨는 자신이 바라는 수준의 임금을 회사의 경제력과 자신의 목표 등을 감안하여 적정선을 맞추어 사장에게 제시하였더니 K씨는 원하는 연봉을 받을 수 있게 되었다.

③ U씨는 아내와 함께 주말에 영화를 보기로 하였다. 그런데 주말에 갑자기 장모님이 올라 오셔서 극장에 갈 수 없는 상황이 되었다. 이에 아내는 영화는 다음에 보고 오늘은 장모님과 시간을 보내자고 하였다. U씨는 영화를 못보는 것이 아쉬워 장모님을 쌀쌀맞게 대했다.

④ W씨는 자녀의 용돈문제로 고민이다. 하나 밖에 없는 딸이지만 자신이 생각하기에 그렇게 많은 용돈은 필요가 없을 듯하다. 그러나 딸아이는 계속적으로 용돈을 올려달라고 시위 중이다. 퇴근 후 지친 몸을 이끌고 집으로 온 W씨에게 딸아이는 어깨도 주물러 주고, 애교도 떨며 W씨의 기분을 좋게 만들었다. 결국 W씨는 딸의 용돈을 올려주었다.

 협상이란 것은 갈등상태에 있는 이해당사자들이 대화와 논쟁을 통하여 서로를 설득하여 문제를 해결하는 정보전달과정이자 의사결정과정이다. 위의 ①②④는 우리가 흔히 일상생활에서 겪을 수 있는 협상의 예를 보여주고 있다.

Answer↘ 13.④ 14.② 15.③

16 다음 중 동기부여 방법으로 옳지 않은 것은?

① 긍정적 강화법을 활용한다.

② 새로운 도전의 기회를 부여한다.

③ 몇 가지 코칭을 한다.

④ 일정기간 교육을 실시한다.

 동기부여 방법
㉠ 긍정적 강화법을 활용한다.
㉡ 새로운 도전의 기회를 부여한다.
㉢ 창의적인 문제해결법을 찾는다.
㉣ 책임감으로 철저히 무장한다.
㉤ 몇 가지 코칭을 한다.
㉥ 변화를 두려워하지 않는다.
㉦ 지속적으로 교육한다.

17 다음 중 높은 성과를 내는 임파워먼트 환경의 특징으로 옳지 않은 것은?

① 도전적이고 흥미 있는 일

② 성과에 대한 압박

③ 학습과 성장의 기회

④ 상부로부터의 지원

 '임파워먼트'란 조직성원들을 신뢰하고 그들의 잠재력을 믿으며 그 잠재력의 개발을 통해 High Performance 조직이 되도록 하는 일련의 행위를 말한다.
※ 높은 성과를 내는 임파워먼트 환경의 특징
㉠ 도전적이고 흥미 있는 일
㉡ 학습과 성장의 기회
㉢ 높은 성과와 지속적인 개선을 가져오는 요인들에 대한 통제
㉣ 성과에 대한 지식
㉤ 긍정적인 인간관계
㉥ 개인들이 공헌하며 만족한다는 느낌
㉦ 상부로부터의 지원

18 다음 중 거만형 불만고객에 대한 대응방안으로 옳지 않은 것은?

① 정중하게 대하는 것이 좋다.

② 분명한 증거나 근거를 제시하여 스스로 확신을 갖도록 유도한다.

③ 자신의 과시욕이 채워지도록 뽐내게 내버려 둔다.

④ 의외로 단순한 면이 있으므로 일단 호감을 얻게 되면 득이 될 경우도 있다.

 ② 의심형 불만고객에 대한 대응방안이다.

19 다음에 해당하는 협상전략은 무엇인가?

> 양보전략으로 상대방이 제시하는 것을 일방적으로 수용하여 협상의 가능성을 높이려는 전략이다. 순응전략, 화해전략, 수용전략이라고도 한다.

① 협력전략

② 회피전략

③ 강압전략

④ 유화전략

 ① 협력전략 : 협상 참여자들이 협동과 통합으로 문제를 해결하고자 하는 협력적 문제해결전략이다.
② 회피전략 : 무행동전략으로 협상으로부터 철수하는 철수전략이다. 협상을 피하거나 잠정적으로 중단한다.
③ 강압전략 : 경쟁전략으로 자신이 상대방보다 힘에 있어서 우위를 점유하고 있을 때 자신의 이익을 극대화하기 위한 공격적 전략이다.

Answer 16.④ 17.② 18.② 19.④

20 조직구성원들로 하여금 리더에 대한 신뢰를 갖게 하는 카리스마는 물론 조직변화의 필요성을 감지하고 그러한 변화를 이끌어 낼 수 있는 새로운 비전을 제시할 수 있는 능력이 요구되는 리더십을 무엇이라 하는가?

① 변혁적 리더십   ② 거래적 리더십

③ 카리스마 리더십   ④ 서번트 리더십

    ② **거래적 리더십** : 리더가 부하들과 맺은 거래적 계약관계에 기반을 두고 영향력을 발휘하는 리더십

    ③ **카리스마 리더십** : 자기 자신과 부하들에 대한 극단적인 신뢰, 이들을 완전히 장악하는 거대한 존재감, 그리고 명확한 비전을 가지고 일단 결정된 사항에 대해서는 절대로 흔들리지 않는 확신을 가지는 리더십

    ④ **서번트 리더십** : 타인을 위한 봉사에 초점을 두고 종업원과 고객의 커뮤니티를 우선으로 그들의 욕구를 만족시키기 위해 헌신하는 리더십

21 다음 글에서 대인관계능력을 구성하는 하위능력 중 가장 필요한 능력은 무엇인가?

> 올해 A회사에 입사하여 같은 팀에서 근무하게 된 甲과 乙은 다른 팀에 있는 입사동기들과 신입사원 워크숍을 가게 되었다. 그 곳에서 각 팀별로 1박 2일 동안 스스로 의·식·주를 해결하며 주어진 과제를 수행하는 임무가 주어졌는데 甲은 부지런히 섬 이 곳 저 곳을 다니며 먹을 것을 구해오고 숙박할 장소를 마련하는 등 솔선수범 하였지만 乙은 단지 섬을 돌아다니며 경치 구경만 하고 사진 찍기에 여념이 없었다. 그리고 과제수행에 있어서도 甲은 적극적으로 임한 반면 乙은 소극적인 자세를 취해 그 결과 甲과 乙의 팀만 과제를 수행하지 못했고 결국 인사상의 불이익을 당하게 되었다.

① 소통능력

② 리더십능력

③ 팀워크능력

④ 협상능력

    현재 甲과 乙에게 가장 필요한 능력은 서로 협동을 하는 팀워크능력이다.

22 다음 빈칸에 들어갈 말로 가장 적절한 것은?

> 대인관계 향상이란 인간관계에서 구축되는 _____의 정도를 높이는 것을 의미한다. 다른 사람에 대해 공손하고 친절하며, 정직하고 약속을 지킨다면 _____을/를 높이는 셈이 된다.

① 화해   ② 갈등

③ 교제   ④ 신뢰

 대인관계 향상이란 인간관계에서 구축되는 신뢰의 정도를 높이는 것을 의미한다. 다른 사람에 대해 공손하고 친절하며, 정직하고 약속을 지킨다면 신뢰를 높이는 셈이 된다.

23 직장인 K씨는 야구에 전혀 관심이 없다. 그러나 하나 밖에 없는 아들은 야구를 엄청 좋아한다. 매일 바쁜 업무로 인하여 아들과 서먹해진 느낌을 받은 K씨는 휴가를 내어 아들과 함께 전국으로 프로야구 경기를 관람하러 다녔다. 그 덕분에 K씨와 아들의 사이는 급속도로 좋아졌다. K씨의 행동에 대한 설명으로 옳은 것은?

① K씨는 회사에 흥미를 잃었다.

② K씨는 새롭게 야구경기에 눈을 뜨게 되었다.

③ K씨는 아들에 대한 이해와 배려가 깊다.

④ K씨는 아들이 자기를 욕할까봐 무섭다.

 K씨의 행동은 대인관계 향상 방법의 하나인 상대방을 이해하는 마음에 해당한다.

Answer ↪ 20.①   21.③   22.④   23.③

24 직장동료 L씨는 항상 모두에게 예의가 바르고 곧은 사람으로 정평이 나있다. 그런데 어느 날 당신과 단 둘이 있을 때, 상사에 대한 비난을 맹렬히 퍼붓기 시작하였다. 이 순간 당신이 느낄 수 있는 감정으로 적절하지 못한 것은?

① 와, 이 사람 보기와는 다르구나.

② 이 사람이 혹시 다른데서 내 험담을 하지나 않을까?

③ 이런 사람에게도 불만이 있기는 하구나!

④ 사람은 역시 겉모습으로만 판단하면 안 되는구나!

> **Tip** 행동과 말이 일치하지 않는 L씨의 행동에 대한 감정으로는 객관적으로 그 사람에 대한 칭찬은 나오기가 어렵다.

25 직장인 Y씨는 태어나서 지금까지 단 한 번도 지키지 못할 약속은 한 적이 없다. 그리고 모든 상황에서 이를 지키기 위하여 노력을 한다. 그러나 사람의 일이 모두 뜻대로 되지 않듯이 예기치 않은 사건의 발생으로 약속을 지키지 못하는 경우는 생기기 마련이다. 이럴 때 Y씨는 상대방에게 충분히 자신의 상황을 설명하여 약속을 연기한다. Y씨의 행동은 대인관계 향상 방법 중 어디에 해당하는가?

① 상대방에 대한 이해

② 사소한 일에 대한 관심

③ 약속의 이행

④ 언행일치

> **Tip** 약속의 이행 … 책임을 지고 약속을 지키는 것은 중요한 일이다. 약속을 어기게 되면 다음에 약속을 해도 상대방은 믿지 않게 마련이다. 약속은 대개 사람들의 기대를 크게 만들기 때문에 항상 약속을 지키는 습관을 가져야 신뢰감을 형성할 수 있게 된다.

26 다음 사례에 나타난 리더십 유형의 특징으로 옳은 것은?

> 이번에 새로 팀장이 된 정후는 입사 6년차인 비교적 젊은 팀장이다. 그는 자신의 팀에 있는 팀원을 모두 나름대로의 능력과 경험을 가지고 있으며 자신은 그들 중 하나에 불과하다고 생각한다. 따라서 다른 팀의 팀장들과 같이 일방적으로 팀원들에게 지시를 내리거나 팀원들의 의견을 듣고 그 중에서 마음에 드는 의견을 선택적으로 추리는 등의 행동을 하지 않고 평등한 입장에서 팀원들을 대한다. 또한 그는 그의 팀원들에게 의사결정 및 팀의 방향을 설정하는데 참여할 수 있는 기회를 줌으로써 팀 내 행동에 따른 결과 및 성과에 대해 책임을 공유해 나가고 있다. 이는 모두 팀원들의 능력에 대한 믿음에서 비롯된 것이다.

① 책임을 공유한다.
② 핵심정보를 공유하지 않는다.
③ 실수를 용납하지 않는다.
④ 모든 정보는 리더의 것이다.

 ②,③,④는 전형적인 독재자 유형의 특징이다.
　　※ 파트너십 유형의 특징
　　　　㉠ 평등
　　　　㉡ 집단의 비전
　　　　㉢ 책임 공유

27 리더십에 대한 일반적인 의미로 볼 수 없는 것은?

① 조직 구성원들로 하여금 조직목표를 위해 자발적으로 노력하도록 영향을 주는 행위를 말한다.
② 목표달성을 위하여 개인이 조직원들에게 영향을 미치는 과정을 말한다.
③ 주어진 상황 내에서 목표달성을 위해 개인 또는 집단에 영향력을 행사하는 과정을 의미한다.
④ 조직의 관리자가 하급자에게 발휘하는 일종의 권력을 의미한다.

 리더십은 상사가 하급자에게 발휘하는 형태 뿐 아니라 동료나 상사에게까지도 발휘해야 하는 형태를 띤다.

Answer⌐→ 24.③　25.③　26.①　27.④

28 다음 사례에서 최부장이 취할 수 있는 가장 적절한 행동은 무엇인가?

> 서울에 본사를 둔 S그룹은 매년 상반기와 하반기에 한 번씩 전 직원이 워크숍을 떠난다. 이는 평소 직원들 간의 단체생활을 중시 여기는 S그룹 회장의 지침 때문이다. 하지만 워낙 직원이 많은 S그룹이다 보니 전 직원이 한꺼번에 움직이는 것은 불가능하고 각 부서별로 그 부서의 장이 재량껏 계획을 세우고 워크숍을 진행하도록 되어 있다. 이에 따라 생산부서의 최부장은 부원들과 강원도 태백산에 가서 1박 2일로 야영을 하기로 했다. 하지만 워크숍을 가는 날 아침 갑자기 예약한 버스가 고장이 나서 출발을 못한다는 연락을 받았다.

① 어쩔 수 없는 일이므로 상사에게 사정을 이야기하고 이번 워크숍은 그냥 집에서 쉰다.
② 부원들에게 의견을 물어보고 각자 자율적으로 하고 싶은 활동을 하도록 한다.
③ 장소보다도 워크숍을 통한 부원들의 단합과 화합이 중요하므로 서울 근교의 적당한 장소를 찾아 워크숍을 진행한다.
④ 무슨 일이 있어도 계획을 실행하기 위해 새로 예약 가능한 버스를 찾아보고 태백산으로 간다.

 워크숍을 하는 이유는 직원들 간의 단합과 화합을 키우기 위해서이고 또한 각 부서의 장에게 나름대로의 재량권이 주어졌으므로 위의 사례에서 최부장이 할 수 있는 행동으로 가장 적절한 것은 ③이다.

29 다음 중 협력을 장려하는 환경을 조성하기 위한 노력으로 적절하지 않은 것은?

① 아이디어가 상식에서 벗어난다고 비판을 하지 말아야 한다.
② 팀원들이 침묵을 하지 않도록 자극을 주어야 한다.
③ 팀원들의 말에 흥미를 가져야 한다.
④ 많은 양의 아이디어를 요구하여야 한다.

 협력을 장려하는 환경을 조성하기 위한 노력
  ㉠ 팀원들의 말에 흥미를 가져야 한다.
  ㉡ 모든 아이디어를 기록하여야 한다.
  ㉢ 상식에서 벗어난 아이디어로 비판을 하지 말아야 한다.
  ㉣ 아이디어를 개발하도록 팀원들을 고무시켜야 한다.
  ㉤ 많은 양의 아이디어를 요구하여야 한다.
  ㉥ 침묵을 지키는 것을 존중하여야 한다.
  ㉦ 관점을 바꿔야 한다.

30 다음에서 설명하는 멤버십의 유형은?

> • 조직의 운영방침에 민감하다.
> • 사건을 균형 잡힌 시각으로만 본다.
> • 규정과 규칙에 따라 행동한다.

① 소외형   ② 순응형

③ 실무형   ④ 수동형

 멤버십의 특성

   ㉠ 소외형
     • 자립적인 사람
     • 일부러 반대 의견 제시
     • 조직의 양심
   ㉡ 순응형
     • 기쁜 마음으로 과업 수행
     • 팀플레이를 좋아함
     • 리더나 조직을 믿고 헌신
   ㉢ 수동형
     • 판단, 사고를 리더에게 의존
     • 지시가 있어야만 행동

Answer → 28.③   29.②   30.③

04 조직이해능력

1 조직과 개인

(1) 조직

① 조직과 기업
  ㉠ 조직 : 두 사람 이상이 공동의 목표를 달성하기 위해 의식적으로 구성된 상호작용과 조정을 행하는 행동의 집합체
  ㉡ 기업 : 노동, 자본, 물자, 기술 등을 투입하여 제품이나 서비스를 산출하는 기관

② 조직의 유형

기준	구분	예
공식성	공식조직	조직의 규모, 기능, 규정이 조직화된 조직
	비공식조직	인간관계에 따라 형성된 자발적 조직
영리성	영리조직	사기업
	비영리조직	정부조직, 병원, 대학, 시민단체
조직규모	소규모 조직	가족 소유의 상점
	대규모 조직	대기업

(2) 경영

① 경영의 의미 … 경영은 조직의 목적을 달성하기 위한 전략, 관리, 운영활동이다.

② 경영의 구성요소
  ㉠ **경영목적** : 조직의 목적을 달성하기 위한 방법이나 과정
  ㉡ **인적자원** : 조직의 구성원·인적자원의 배치와 활용
  ㉢ **자금** : 경영활동에 요구되는 돈·경영의 방향과 범위 한정
  ㉣ **경영전략** : 변화하는 환경에 적응하기 위한 경영활동 체계화

③ 경영자의 역할

대인적 역할	정보적 역할	의사결정적 역할
• 조직의 대표자	• 외부환경 모니터	• 문제 조정
• 조직의 리더	• 변화전달	• 대외적 협상 주도
• 상징자, 지도자	• 정보전달자	• 분쟁조정자, 자원배분자, 협상가

(3) 조직체제 구성요소

① **조직목표** … 전체 조직의 성과, 자원, 시장, 인력개발, 혁신과 변화, 생산성에 대한 목표

② **조직구조** … 조직 내의 부문 사이에 형성된 관계

③ **조직문화** … 조직구성원들 간에 공유하는 생활양식이나 가치

④ **규칙 및 규정** … 조직의 목표나 전략에 따라 수립되어 조직구성원들이 활동범위를 제약하고 일관성을 부여하는 기능

예제 1

주어진 글의 빈칸에 들어갈 말로 가장 적절한 것은?

> 조직이 지속되게 되면 조직구성원들 간 생활양식이나 가치를 공유하게 되는데 이를 조직의 (㉠)라고 한다. 이는 조직구성원들의 사고와 행동에 영향을 미치며 일체감과 정체성을 부여하고 조직이 (㉡)으로 유지되게 한다. 최근 이에 대한 중요성이 부각되면서 긍정적인 방향으로 조성하기 위한 경영층의 노력이 이루어지고 있다.

① ㉠ : 목표, ㉡ : 혁신적   ② ㉠ : 구조, ㉡ : 단계적
③ ㉠ : 문화, ㉡ : 안정적   ④ ㉠ : 규칙, ㉡ : 체계적

[출제의도]
본 문항은 조직체계의 구성요소들의 개념을 묻는 문제이다.
[해설]
조직문화란 조직구성원들 간에 공유하게 되는 생활양식이나 가치를 말한다. 이는 조직구성원들의 사고와 행동에 영향을 미치며 일체감과 정체성을 부여하고 조직이 안정적으로 유지되게 한다.

답 ③

---

(4) 조직변화의 과정

환경변화 인지 → 조직변화 방향 수립 → 조직변화 실행 → 변화결과 평가

(5) 조직과 개인

개인	지식, 기술, 경험 →	조직
	← 연봉, 성과급, 인정, 칭찬, 만족감	

2 조직이해능력을 구성하는 하위능력

(1) 경영이해능력

① **경영** … 경영은 조직의 목적을 달성하기 위한 전략, 관리, 운영활동이다.
  ㉠ **경영의 구성요소** : 경영목적, 인적자원, 자금, 전략
  ㉡ **경영의 과정**

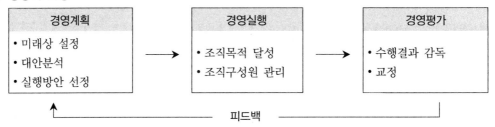

  ㉢ **경영활동 유형**
   • 외부경영활동 : 조직외부에서 조직의 효과성을 높이기 위해 이루어지는 활동이다.
   • 내부경영활동 : 조직내부에서 인적, 물적 자원 및 생산기술을 관리하는 것이다.

② **의사결정과정**
  ㉠ **의사결정의 과정**
   • 확인 단계 : 의사결정이 필요한 문제를 인식한다.
   • 개발 단계 : 확인된 문제에 대하여 해결방안을 모색하는 단계이다.
   • 선택 단계 : 해결방안을 마련하며 실행가능한 해결안을 선택한다.
  ㉡ **집단의사결정의 특징**
   • 지식과 정보가 더 많아 효과적인 결정을 할 수 있다.
   • 다양한 견해를 가지고 접근할 수 있다.
   • 결정된 사항에 대하여 의사결정에 참여한 사람들이 해결책을 수월하게 수용하고, 의사소통의 기회도 향상된다.
   • 의견이 불일치하는 경우 의사결정을 내리는데 시간이 많이 소요된다.

- 특정 구성원에 의해 의사결정이 독점될 가능성이 있다.

③ 경영전략

㉠ 경영전략 추진과정

전략목표설정		환경분석		경영전략 도출		경영전략 실행		평가 및 피드백
• 비전 설정 • 미션 설정	→	• 내부환경 분석 • 외부환경 분석 (SWOT 등)	→	• 조직전략 • 사업전략 • 부문전략	→	• 경영목적 달성	→	• 경영전략 결과 평가 • 전략목표 및 경영전략 재조명

㉡ 마이클 포터의 본원적 경쟁전략

		전략적 우위 요소	
		고객들이 인식하는 제품의 특성	원가우위
전략적 목표	산업전체	차별화	원가우위
	산업의 특정부문	집중화	
		(차별화 + 집중화)	(원가우위 + 집중화)

예제 2

다음은 경영전략을 세우는 방법 중 하나인 SWOT에 따른 어느 기업의 분석결과이다. 다음 중 주어진 기업 분석 결과에 대응하는 전략은?

강점(Strength)	• 차별화된 맛과 메뉴 • 폭넓은 네트워크
약점(Weakness)	• 매출의 계절적 변동폭이 큼 • 딱딱한 기업 이미지
기회(Opportunity)	• 소비자의 수요 트랜드 변화 • 가계의 외식 횟수 증가 • 경기회복 가능성
위협(Threat)	• 새로운 경쟁자의 진입 가능성 • 과도한 가계부채

내부환경 외부환경	강점(Strength)	약점(Weakness)
기회 (Opportunity)	① 계절 메뉴 개발을 통한 분기 매출 확보	② 고객의 소비패턴을 반영한 광고를 통한 이미지 쇄신
위협 (Threat)	③ 소비 트렌드 변화를 반영한 시장 세분화 정책	④ 고급화 전략을 통한 매출 확대

[출제의도]
본 문항은 조직이해능력의 하위능력인 경영관리능력을 측정하는 문제이다. 기업에서 경영전략을 세우는데 많이 사용되는 SWOT분석에 대해 이해하고 주어진 분석표를 통해 가장 적절한 경영전략을 도출할 수 있는지를 확인할 수 있다.
[해설]
② 딱딱한 이미지를 현재 소비자의 수요 트렌드라는 환경 변화에 대응하여 바꿀 수 있다.

답 ②

④ 경영참가제도

　　㉠ 목적

　　　• 경영의 민주성을 제고할 수 있다.

　　　• 공동으로 문제를 해결하고 노사 간의 세력 균형을 이룰 수 있다.

　　　• 경영의 효율성을 제고할 수 있다.

　　　• 노사 간 상호 신뢰를 증진시킬 수 있다.

　　㉡ 유형

　　　• 경영참가 : 경영자의 권한인 의사결정과정에 근로자 또는 노동조합이 참여하는 것

　　　• 이윤참가 : 조직의 경영성과에 대하여 근로자에게 배분하는 것

　　　• 자본참가 : 근로자가 조직 재산의 소유에 참여하는 것

예제 3

다음은 중국의 H사에서 시행하는 경영참가제도에 대한 기사이다. 밑줄 친 이 제도는 무엇인가?

> H사는 '사람' 중심의 수평적 기업문화가 발달했다. H사는 <u>이 제도</u>의 시행을 통해 직원들이 경영에 간접적으로 참여할 수 있게 하였는데 이에 따라 자연스레 기업에 대한 직원들의 책임 의식도 강화됐다. 참여주주는 8만2471명이다. 모두 H사의 임직원이며, 이 중 창립자인 CEO R은 개인주주로 총 주식의 1.18%의 지분과 퇴직연금으로 주식총액의 0.21%만을 보유하고 있다.

① 노사협의회제도　　　　　　　　② 이윤분배제도

③ 종업원지주제도　　　　　　　　④ 노동주제도

[출제의도]
경영참가제도는 조직원이 자신이 속한 조직에서 주인의식을 갖고 조직의 의사결정과정에 참여할 수 있도록 하는 제도이다. 본 문항은 경영참가제도의 유형을 구분해낼 수 있는가를 묻는 질문이다.

[해설]
종업원지주제도 … 기업이 자사 종업원에게 특별한 조건과 방법으로 자사 주식을 분양·소유하게 하는 제도이다. 이 제도의 목적은 종업원에 대한 근검저축의 장려, 공로에 대한 보수, 자사에의 귀속의식 고취, 자사에의 일체감 조성 등이 있다.

답 ③

---

(2) 체제이해능력

① 조직목표 : 조직이 달성하려는 장래의 상태

　　㉠ 조직목표의 기능

　　　• 조직이 존재하는 정당성과 합법성 제공

　　　• 조직이 나아갈 방향 제시

　　　• 조직구성원 의사결정의 기준

　　　• 조직구성원 행동수행의 동기유발

　　　• 수행평가 기준

　　　• 조직설계의 기준

ⓛ 조직목표의 특징
- 공식적 목표와 실제적 목표가 다를 수 있음
- 다수의 조직목표 추구 가능
- 조직목표 간 위계적 상호관계가 있음
- 가변적 속성
- 조직의 구성요소와 상호관계를 가짐

② 조직구조

ⓐ 조직구조의 결정요인 : 전략, 규모, 기술, 환경

ⓛ 조직구조의 유형과 특징

유형	특징
기계적 조직	• 구성원들의 업무가 분명하게 규정 • 엄격한 상하 간 위계질서 • 다수의 규칙과 규정 존재
유기적 조직	• 비공식적인 상호의사소통 • 급변하는 환경에 적합한 조직

③ 조직문화

ⓐ 조직문화 기능
- 조직구성원들에게 일체감, 정체성 부여
- 조직몰입 향상
- 조직구성원들의 행동지침 : 사회화 및 일탈행동 통제
- 조직의 안정성 유지

ⓛ 조직문화 구성요소(7S) : 공유가치(Shared Value), 리더십 스타일(Style), 구성원(Staff), 제도·절차(System), 구조(Structure), 전략(Strategy), 스킬(Skill)

④ 조직 내 집단

ⓐ 공식적 집단 : 조직에서 의식적으로 만든 집단으로 집단의 목표, 임무가 명확하게 규정되어 있다.

　예 임시위원회, 작업팀 등

ⓛ 비공식적 집단 : 조직구성원들의 요구에 따라 자발적으로 형성된 집단이다.

　예 스터디모임, 봉사활동 동아리, 각종 친목회 등

(3) 업무이해능력

① 업무 : 업무는 상품이나 서비스를 창출하기 위한 생산적인 활동이다.

　㉠ 업무의 종류

부서	업무(예)
총무부	주주총회 및 이사회개최 관련 업무, 의전 및 비서업무, 집기비품 및 소모품의 구입과 관리, 사무실 임차 및 관리, 차량 및 통신시설의 운영, 국내외 출장 업무 협조, 복리후생 업무, 법률자문과 소송관리, 사내외 홍보 광고업무
인사부	조직기구의 개편 및 조정, 업무분장 및 조정, 인력수급계획 및 관리, 직무 및 정원의 조정 종합, 노사관리, 평가관리, 상벌관리, 인사발령, 교육체계 수립 및 관리, 임금제도, 복리후생제도 및 지원업무, 복무관리, 퇴직관리
기획부	경영계획 및 전략 수립, 전사기획업무 종합 및 조정, 중장기 사업계획의 종합 및 조정, 경영정보 조사 및 기획보고, 경영진단업무, 종합예산수립 및 실적관리, 단기사업계획 종합 및 조정, 사업계획, 손익추정, 실적관리 및 분석
회계부	회계제도의 유지 및 관리, 재무상태 및 경영실적 보고, 결산 관련 업무, 재무제표 분석 및 보고, 법인세, 부가가치세, 국세 지방세 업무자문 및 지원, 보험가입 및 보상업무, 고정자산 관련 업무
영업부	판매 계획, 판매예산의 편성, 시장조사, 광고 선전, 견적 및 계약, 제조지시서의 발행, 외상매출금의 청구 및 회수, 제품의 재고 조절, 거래처로부터의 불만처리, 제품의 애프터서비스, 판매원가 및 판매가격의 조사 검토

다음은 I기업의 조직도와 팀장님의 지시사항이다. H씨가 팀장님의 심부름을 수행하기 위해 연락해야 할 부서로 옳은 것은?

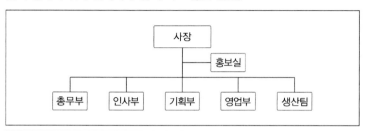

　H씨! 내가 지금 너무 바빠서 그러는데 부탁 좀 들어줄래요? 다음 주 중에 사장님 모시고 클라이언트와 만나야 할 일이 있으니까 사장님 일정을 확인해주시구요. 이번 달에 신입사원 교육·훈련계획이 있었던 것 같은데 정확한 시간이랑 날짜를 확인해주세요.

① 총무부, 인사부 　　　② 총무부, 홍보실
③ 기획부, 총무부 　　　④ 영업부, 기획부

답 ①

　　　ⓒ 업무의 특성
　　　　• 공통된 조직의 목적 지향
　　　　• 요구되는 지식, 기술, 도구의 다양성
　　　　• 다른 업무와의 관계, 독립성
　　　　• 업무수행의 자율성, 재량권

　② 업무수행 계획
　　　㉠ **업무지침 확인** : 조직의 업무지침과 나의 업무지침을 확인한다.
　　　ⓒ **활용 자원 확인** : 시간, 예산, 기술, 인간관계
　　　ⓒ **업무수행 시트 작성**
　　　　• 간트 차트 : 단계별로 업무의 시작과 끝 시간을 바 형식으로 표현
　　　　• 워크 플로 시트 : 일의 흐름을 동적으로 보여줌
　　　　• 체크리스트 : 수행수준 달성을 자가점검

Point 》 간트 차트와 플로 차트

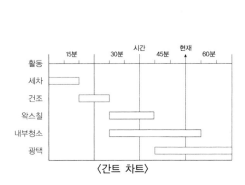

〈간트 차트〉

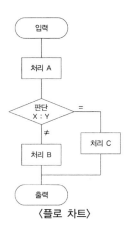

〈플로 차트〉

예제 5

다음 중 업무수행 시 단계별로 업무를 시작해서 끝나는 데까지 걸리는 시간을 바 형식으로 표시하여 전체 일정 및 단계별로 소요되는 시간과 각 업무활동 사이의 관계를 볼 수 있는 업무수행 시트는?

① 간트 차트
② 워크 플로 차트
③ 체크리스트
④ 퍼트 차트

[출제의도]
업무수행 계획을 수립할 때 간트 차트, 워크 플로 시트, 체크리스트 등의 수단을 이용하면 효과적으로 계획하고 마지막에 급하게 일을 처리하지 않고 주어진 시간 내에 끝마칠 수 있다. 본 문항은 그러한 수단이 되는 차트들의 이해도를 묻는 문항이다.

[해설]
② 일의 절차 처리의 흐름을 표현하기 위해 기호를 써서 도식화한 것
③ 업무를 세부적으로 나누고 각 활동별로 수행수준을 달성했는지를 확인하는 데 효과적
④ 하나의 사업을 수행하는 데 필요한 다수의 세부사업을 단계와 활동으로 세분하여 관련된 계획 공정으로 묶고, 각 활동의 소요시간을 낙관시간, 최가능시간, 비관시간 등 세 가지로 추정하고 이를 평균하여 기대시간을 추정

답 ①

③ 업무 방해요소

㉠ 다른 사람의 방문, 인터넷, 전화, 메신저 등

㉡ 갈등관리

㉢ 스트레스

(4) 국제감각

① 세계화와 국제경영

　㉠ **세계화** : 3Bs(국경 ; Border, 경계 ; Boundary, 장벽 ; Barrier)가 완화되면서 활동범위가 세계로 확대되는 현상이다.

　㉡ **국제경영** : 다국적 내지 초국적 기업이 등장하여 범지구적 시스템과 네트워크 안에서 기업활동이 이루어지는 것이다.

② **이문화 커뮤니케이션** : 서로 상이한 문화 간 커뮤니케이션으로 직업인이 자신의 일을 수행하는 가운데 문화배경을 달리하는 사람과 커뮤니케이션을 하는 것이 이에 해당한다. 이문화 커뮤니케이션은 언어적 커뮤니케이션과 비언어적 커뮤니케이션으로 구분된다.

③ **국제 동향 파악 방법**

　㉠ 관련 분야 해외사이트를 방문해 최신 이슈를 확인한다.

　㉡ 매일 신문의 국제면을 읽는다.

　㉢ 업무와 관련된 국제잡지를 정기구독 한다.

　㉣ 고용노동부, 한국산업인력공단, 산업통상자원부, 중소기업청, 상공회의소, 산업별인적자원개발협의체 등의 사이트를 방문해 국제동향을 확인한다.

　㉤ 국제학술대회에 참석한다.

　㉥ 업무와 관련된 주요 용어의 외국어를 알아둔다.

　㉦ 해외서점 사이트를 방문해 최신 서적 목록과 주요 내용을 파악한다.

　㉧ 외국인 친구를 사귀고 대화를 자주 나눈다.

④ **대표적인 국제매너**

　㉠ 미국인과 인사할 때에는 눈이나 얼굴을 보는 것이 좋으며 오른손으로 상대방의 오른손을 힘주어 잡았다가 놓아야 한다.

　㉡ 러시아와 라틴아메리카 사람들은 인사할 때에 포옹을 하는 경우가 있는데 이는 친밀함의 표현이므로 자연스럽게 받아주는 것이 좋다.

　㉢ 명함은 받으면 꾸기거나 계속 만지지 않고 한 번 보고나서 탁자 위에 보이는 채로 대화하거나 명함집에 넣는다.

　㉣ 미국인들은 시간 엄수를 중요하게 생각하므로 약속시간에 늦지 않도록 주의한다.

　㉤ 스프를 먹을 때에는 몸쪽에서 바깥쪽으로 숟가락을 사용한다.

　㉥ 생선요리는 뒤집어 먹지 않는다.

　㉦ 빵은 스프를 먹고 난 후부터 디저트를 먹을 때까지 먹는다.

출제예상문제

┃1~3┃ 다음은 어느 기업의 조직도이다. 물음에 답하시오.

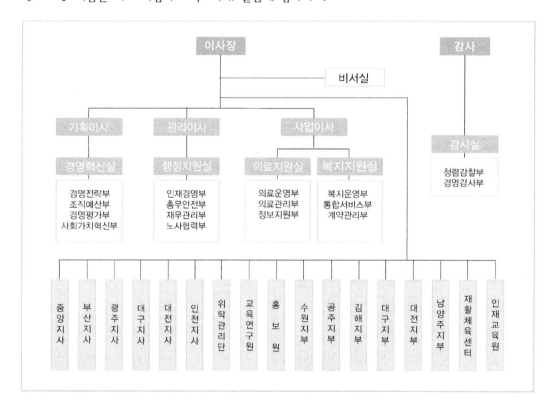

1 다음 중 소속이 다른 부서는?

① 경영평가부   ② 경영감사부

③ 경영전략부   ④ 조직예산부

 ②는 감사실 소속이다.
①③④는 경영혁신실 소속이다.

2 다음 빈칸에 들어갈 말을 고르면?

> 이 기업은 이사장 아래 (㉠)개의 이사를 두고 있다. 기획이사 소속의 경영혁신실은 4개의 부서를 두고 있고, (㉡) 소속의 행정지원실은 4개의 부서를 두고 있다. 사업이사는 아래에 의료지원실과 (㉢)을 두고 있고, 그 아래 각각 3개의 부서를 두고 있다.

	㉠	㉡	㉢
①	4	사업이사	감사실
②	4	사업이사	복지지원실
③	3	관리이사	감사실
④	3	관리이사	복지지원실

> 이 기업은 이사장 아래 (3)개의 이사를 두고 있다. 기획이사 소속의 경영혁신실은 4개의 부서를 두고 있고, (관리이사) 소속의 행정지원실은 4개의 부서를 두고 있다. 사업이사는 아래에 의료지원실과 (복지지원실)을 두고 있고, 그 아래 각각 3개의 부서를 두고 있다.

3 다음 중 옳지 않은 것은?

① 감사실은 청렴감찰부와 경영감사부를 포함한다.
② 사업이사 아래 총 6개의 부서가 존재한다.
③ 이사장 아래 6개의 지사를 포함한다.
④ 지부는 총 7개로 구성되어 있다.

 지부는 총 6개로 구성되어 있다.

Answer ↱ 1.②   2.④   3.④

4 다음은 IT회사의 조직도와 사내 업무협조전이다. 주어진 업무협조전의 발신부서와 수신부서 가장 적절게 연결된 것은?

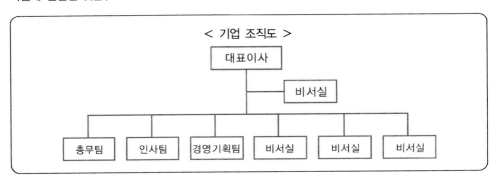

< 기업 조직도 >

대표이사 — 비서실

총무팀 | 인사팀 | 경영기획팀 | 비서실 | 비서실 | 비서실

업무 협조전

제목 : 콘텐츠 개발에 따른 적극적 영업 마케팅 협조

내용 :

2020년 경영기획팀의 요청으로 저희 팀에서 제작하기 시작한 업무매니저 "원스" 소프트웨어가 모두 제작 완료되었습니다. 하여 해당 소프트웨어 5종에 관한 적극적인 마케팅을 부탁드립니다.

"원스"는 거래처관리, 직원/급여관리, 매입/매출관리, 증명서 발급관리, 거래/견적/세금관리 소프트웨어로 각 분야별 영업을 진행하시면 될 거 같습니다.

특히 직원/급여관리 소프트웨어는 회사 직원과 급여를 통합적으로 관리할 수 있는 프로그램이므로 모든 회사가 보편적으로 이용할 수 있도록 설계되었기 때문에 적극적인 영업 마케팅이 더해졌을 때 큰 이익을 낼 수 있을 것이라 예상됩니다.

해당 5개 프로그램의 매뉴얼과 설명서를 첨부해드리오니 이를 숙지하시고 판매에 효율성을 가지시기 바랍니다.

첨무 : 업무매니저 "원스" 매뉴얼 및 설명서

① 경영기획팀 – 홍보팀

② 연구개발팀 – 영업팀

③ 영업팀 – 홍보팀

④ 총무팀 – 경영기획팀

(Tip) 발신부서는 소프트웨어를 제작하는 팀이므로 연구개발팀에 해당하며, 수신부서에게 신제품에 대한 영업 마케팅에 대한 당부를 하고 있으므로 수신부서는 영업팀이 가장 적절하다.

5 다음의 조직도를 올바르게 이해한 것을 모두 고르면?

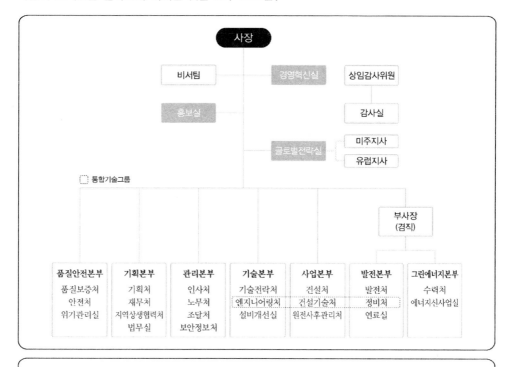

> ㉠ 7본부 3실은 모두 사장직속으로 되어 있다.
> ㉡ 글로벌전략실은 2개의 지사를 이끌고 있다.
> ㉢ 인사처와 노무처는 상호 업무 협동이 있어야 하므로 같은 본부에 소속되어 있다.
> ㉣ 엔지니어링처와 건설기술처, 정비처, 발전처는 통합기술그룹에 속한다.

① ㉠㉡   ② ㉠㉣
③ ㉡㉢   ④ ㉢㉣

    ㉠ 발전본부와 그린에너지본부는 부사장 소속으로 되어 있다.
         ㉣ 엔지니어링처와 건설기술처, 정비처만 통합기술그룹에 속한다.

Answer⤷ 4.②   5.③

6 다음은 L회사의 전략목표에 따른 전략과제를 나타낸 것이다. ㉠~㉣ 중 분류가 잘못된 것은?

전략목표	전략과제
국민이 행복한 주거복지 종합서비스 실현	• 공공주택 서비스 강화 • 주거복지 전달체계 구축 • ㉠ 맞춤형 주거복지 서비스 강화 • 공동주택 관리 및 건축물 가치 제고
융복합을 통한 미래국토가치 창조	• 수요 맞춤형 도시조성 • 국민경제 성장기반 조성 • 지역균형발전 선도 • ㉡ 원가절감 및 수익성 관리 강화
지속가능한 경영체계 구축	• 부채감축 및 재무위험관리 강화 • ㉢ 판매 및 대금회수 극대화 • 워크스마트 체계 구축 • 미래대비 노력 강화
신뢰받는 고객중심 서비스 강화	• 국민 맞춤형 서비스 제공 강화 • ㉣ 국민신뢰도 제고 • 소통·화합을 통한 생산성 제고 • 사회공헌을 통한 사회적책임 강화

① ㉠

② ㉡

③ ㉢

④ ㉣

 ② '원가절감 및 수익성 관리 강화'는 '지속가능한 경영체계 구축'에 따른 전략과제이다.

7 다음에 주어진 조직의 특성 중 유기적 조직에 대한 설명을 모두 고른 것은?

> ㉠ 구성원들의 업무가 분명하게 규정되어 있다.
> ㉡ 급변하는 환경에 적합하다.
> ㉢ 비공식적인 상호의사소통이 원활하게 이루어진다.
> ㉣ 엄격한 상하 간의 위계질서가 존재한다.
> ㉤ 많은 규칙과 규정이 존재한다.

① ㉠㉢

② ㉡㉢

③ ㉡㉤

④ ㉢㉣

 유기적 조직 … 의사결정권한이 조직의 하부구성원들에게 많이 위임되어 있으며 업무 또한 고정되지 않고 공유 가능한 조직이다. 유기적 조직에서는 비공식적인 상호의사소통이 원활히 이루어지며, 규제나 통제의 정도가 낮아 변화에 따라 쉽게 변할 수 있는 특징을 가진다.

┃8~9┃ 다음 설명을 읽고 분석결과에 대응하는 전략을 바르게 고르시오.

SWOT전략은 강점(Strength), 약점(Weakness), 기회(Opportunity), 위협(Threat)의 머리글자를 모아 만든 단어로 경영전략을 수립하기 위한 분석도구이다. SWOT 분석을 통해 도출된 조직의 내부, 외부 환경을 분석 결과를 통해 대응하는 전략을 도출하게 된다.

SO전략은 기회를 활용하면서 강점을 더욱 강화하는 공격적인 전략이고, WO전략은 외부환경의 기회를 활용하면서 자신의 약점을 보완하는 전략으로 이를 통해 기업이 처한 국면의 전환을 가능하게 할 수 있다. ST전략은 외부환경의 위험요소를 회피하면서 강점을 활용하는 것이며, WT전략은 외부환경의 위험요소를 회피하고 자사의 약점을 보완하는 전략으로 방어적 성격을 갖는다.

내부환경 외부환경	강점	약점
기회	강점-기회 전략	약점-기회 전략
위협	강점-위협 전략	약점-위협 전략

8 다음 환경 분석결과에 대응하는 가장 적절한 전략은?

강점	• 탁월한 수준의 영어 실력 • 탁월한 수준의 인터넷 실력
약점	• 비명문대 출신 • 대학원 진학에 대한 부모의 경제적 후원 어려움
기회	• 외국 기업의 국내 진출 활성화 • 능력 위주의 인사
위협	• 국내 대기업의 신입사원 채용 기피 • 명문대 출신 우대 및 사내 파벌화

내부환경 외부환경	강점	약점
기회	① 국내 기업에 입사	② 명문대 대우해주는 대기업에 입사
위협	③ 대기업 포기, 영어와 인터넷 실력 원하는 중소기업 입사	④ 명문대 출신이 많은 기업에 입사

 ① SO전략 : 외국 기업에 입사
② WO전략 : 비명문대 출신도 능력만 있으면 대우해주는 대기업에 입사
③ ST전략 : 대기업 포기, 영어와 인터넷 실력 원하는 중소기업 입사, 진학하여 MBA 획득
④ WT전략 : 선배가 경영주인 기업 또는 선배가 많은 기업에 입사, 대학원은 명문대에 장학생으로 진학 후 2년 후 국내경기가 활성화되면 취업

Answer♪ 6.② 7.② 8.③

9 다음 환경 분석결과는 ○○학회의 문제를 제시한 것이다. 조직성과를 올리기 위한 전략을 도출하려고 할 때 이에 대응하는 가장 적절한 전략은?

강점	• 마케팅 수업과 스터디, 교수님과의 연계로 타 학회보다 높은 퀄리티를 가지고 있다.
약점	• 정해진 커리큘럼 없이 조직원들의 혼란이 있다. • 결속력이 약하고 조직원 간 커뮤니케이션의 부재와 조직 사기 저하가 일어났다.
기회	• 공모전이 취업에 높은 비중을 차지한다. • 공모전 증가로 참여 기회가 많아졌다.
위협	• 외부 동아리, 연합 동아리 등이 증가하고 있다. • 학생들의 가입과 참여가 줄어들고 있다.

내부환경 외부환경	강점	약점
기회	① 지도 교수의 지도로 최신 이론을 통해 수준 높은 퀄리티로 공모전에 참여한다.	② 목표를 설정하고 세분화하여 경쟁자를 줄인다.
위협	③ 결속력을 강화하기 위한 프로그램을 만들어 학생들의 가입을 유도한다.	④ 공모전을 목표로 학회의 방향을 명확히 한다.

 ① SO전략 : 지도 교수의 지도로 최신 이론을 통해 수준 높은 퀄리티로 공모전에 참여한다.
② WO전략 : 공모전을 위한 커리큘럼을 구성하고 실천한다.
③ ST전략 : 지도교수 체제 하에 전문성을 특화로 타 동아리와 차별성을 갖는다.
④ WT전략 : 차별화된 커리큘럼이나 프로세스를 구성하여 차별성을 갖는다.

10 다음과 같은 팀장의 지시를 받은 김 대리가 업무를 처리하기 위해 들려야 하는 조직의 명칭을 순서대로 나열한 것은?

> "김 대리, 갑자기 급한 일이 생겼는데 혹시 나 좀 도와줄 수 있겠나? 어제 사장님께 보고 드릴 자료를 완성했는데, 혹시 오류나 수정 사항이 있는지 확인해 주고 김 비서에게 전달해줬으면 좋겠네. 그리고 모레 있을 바이어 미팅은 대형 계약 성사를 위해 매우 중요한 일이니까 계약서 초안 검토 작업이 어디까지 진행 중인지 한 번 알아봐 주게. 오는 길에 바이어 픽업 관련 배차 현황도 다시 한 번 확인해 주고, 내일 선적해야 할 물량 통관 작업에는 문제없는지 확인해서 이 과장에게 알려줘야 하네. 그럼 실수 없도록 잘 부탁하고 자네만 믿겠네."

① 비서실, 법무팀, 총무팀, 물류팀
② 비서실, 기획팀, 회계팀, 물류팀
③ 기획팀, 총무팀, 홍보팀, 물류팀
④ 기획팀, 회계팀, 비서실, 물류팀

 김 대리가 들려야 하는 조직과 업무 내용은 보고서 전달(비서실), 계약서 검토(법무팀), 배차 현황 확인(총무팀), 통관 작업 확인(물류팀)이다.

|11~14| 다음 결재규정을 보고 주어진 상황에 알맞게 작성된 양식을 고르시오.

〈결재규정〉

- 결재를 받으려면 업무에 대해서는 최고결재권자(대표이사)를 포함한 이하 직책자의 결재를 받아야 한다.
- '전결'이라 함은 회사의 경영활동이나 관리활동을 수행함에 있어 의사결정이나 판단을 요하는 일에 대하여 최고결재권자의 결재를 생략하고, 자신의 책임 하에 최종적으로 의사결정이나 판단을 하는 행위를 말한다.
- 전결사항에 대해서도 위임 받은 자를 포함한 이하 직책자의 결재를 받아야 한다.
- 표시내용 : 결재를 올리는 자는 최고결재권자로부터 전결사항을 위임 받은 자가 있는 경우 결재란에 전결이라고 표시하고 최종 결재권자에 위임 받은 자를 표시한다. 다만, 결재가 불필요한 직책자의 결재란은 상황대각선으로 표시한다.
- 최고결재권자의 결재사항 및 최고결재권자로부터 위임된 전결사항은 다음의 표에 따른다.

구분	내용	금액기준	결재서류	팀장	본부장	대표이사
접대비	거래처 식대, 경조사비 등	20만 원 이하	접대비지출품의서 지출결의서	●■		
		30만 원 이하			●■	
		30만 원 초과				●■
교통비	국내 출장비	30만 원 이하	출장계획서 출장비신청서	●■		
		50만 원 이하		●	■	
		50만 원 초과		●		■
	해외 출장비			●		■
소모품비	사무용품		지출결의서	■		
	문서, 전산소모품					■
	기타 소모품	20만 원 이하		■		
		30만 원 이하			■	
		30만 원 초과				■
교육 훈련비	사내외 교육		기안서 지출결의서	●		■
법인카드	법인카드 사용	50만 원 이하	법인카드신청서	■		
		100만 원 이하			■	
		100만 원 초과				■

- ● : 기안서, 출장계획서, 접대비지출품의서
- ■ : 지출결의서, 세금계산서, 발행요청서, 각종 신청서

11 편집부 직원 R씨는 해외 시장 모색을 위해 영국행 비행기 티켓 500,000원과 호주행 비행기 티켓 500,000원을 지불하였다. R씨가 작성해야 할 결재 방식으로 옳은 것은?

①

출장계획서			
담당	팀장	본부장	최종 결재
R			전결

(결재 — 세로 헤더)

②

출장계획서			
담당	팀장	본부장	최종 결재
R		전결	본부장

③

출장비신청서			
담당	팀장	본부장	최종 결재
R	전결		본부장

④

출장비신청서			
담당	팀장	본부장	최종 결재
R			대표이사

> (Tip) 해외출장비는 교통비에 해당하며, 출장계획서의 경우 팀장, 출장비신청서의 경우 대표이사에게 결재권이 있다.

Answer ⟶ 11.④

12 영업부 사원 I씨는 거래업체 직원들과 저녁 식사를 위해 270,000원을 지불하였다. I씨가 작성해야 하는 결재 방식으로 옳은 것은?

①

접대비지출품의서			
결재 담당	팀장	본부장	최종 결재
I	╱	╱	전결

②

접대비지출품의서			
결재 담당	팀장	본부장	최종 결재
I	전결		본부장

③

지출결의서			
결재 담당	팀장	본부장	최종 결재
I	전결	╱	본부장

④

접대비지출품의서			
결재 담당	팀장	본부장	최종 결재
I		전결	본부장

> (Tip) 거래처 식대이므로 접대비지출품의서나 지출결의서를 작성하고 30만 원 이하이므로 최종 결재는 본부장이 한다. 본부장이 최종 결재를 하고 본부장 란에는 전결을 표시한다.

13 영상 촬영팀 사원 Q씨는 외부 교육업체로부터 1회에 20만 원씩 총 5회에 걸쳐 진행하는 〈디지털 영상 복원 기술〉 강의를 수강하기로 하였다. Q씨가 작성해야 할 결재 방식으로 옳은 것은?

①

기안서			
결재	담당	팀장	본부장	최종 결재
	Q			전결

②

지출결의서			
결재	담당	팀장	본부장	최종 결재
	Q	전결		대표이사

③

기안서			
결재	담당	팀장	본부장	최종 결재
	Q	전결		팀장

④

지출결의서			
결재	담당	팀장	본부장	최종 결재
	Q			전결

(Tip) 사내외 교육은 교육훈련비 명목으로 기안서나 지출결의서를 작성해야 하며 기안서는 팀장이, 지출결의서는 대표이사가 결재를 한다.

14 영업부 사원 L씨는 편집부 K씨의 부친상에 부조금 50만 원을 회사 명의로 지급하기로 하였다. L씨가 작성한 결재 방식은?

①

접대비지출품의서			
결재	담당	팀장	본부장	최종 결재
	L			팀장

②

접대비지출품의서			
결재	담당	팀장	본부장	최종 결재
	L		전결	본부장

③

지출결의서			
결재	담당	팀장	본부장	최종 결재
	L	전결		대표이사

④

지출결의서			
결재	담당	팀장	본부장	최종 결재
	L			대표이사

> **Tip** 경조사비는 접대비에 해당하므로 접대비지출품의서나 지출결의서를 작성하고 30만 원을 초과하였으므로 결재권자는 대표이사에게 있다. 또한 누구에게도 전결되지 않았다.

15 조직문화는 흔히 관계지향 문화, 혁신지향 문화, 위계지향 문화, 과업지향 문화로 분류된다. 다음 중 과업지향 문화에 해당하는 것은?

① A팀은 업무 수행의 효율성을 강조하여 목표 달성과 생산성 향상을 위해 전 조직원이 산출물 극대화를 위해 노력하는 문화가 조성되어 있다.

② B팀은 직원들에게 창의성과 기업가 정신을 강조한다. 또한, 조직의 유연성을 통해 외부 환경에의 적응력에 비중을 둔 조직문화를 가지고 있다.

③ C팀은 자율성과 개인의 책임을 강조한다. 고유 업무 뿐 아니라 근태·잔업·퇴근 후 시간활용에 있어서도 정해진 흐름을 배제하고 개인의 자율과 그에 따른 책임을 강조한다.

④ D팀은 무엇보다 엄격한 통제를 통한 결속과 안정성을 추구하는 분위기이다. 분명한 명령계통으로 조직의 통합을 이루는 일을 제일의 가치로 삼는다.

관계지향 문화	• 조직 내 가족적인 분위기의 창출과 유지에 가장 큰 역점을 둠 • 조직 구성원들의 소속감, 상호 신뢰, 인화/단결 및 팀워크, 참여 등이 핵심가치로 자리 잡음
혁신지향 문화	• 조직의 유연성 강조와 외부 환경에의 적응에 초점을 둠 • 적응과 조직성장을 뒷받침할 수 있는 적절한 자원획득이 중요하고, 구성원들의 창의성 및 기업가정신이 핵심 가치로 강조됨
위계지향 문화	• 조직 내부의 안정적이고 지속적인 통합/조정을 바탕으로 조직효율성 추구 • 분명한 위계질서와 명령계통, 공식적인 절차와 규칙을 중시함
과업지향 문화	• 조직의 성과 달성과 과업 수행에 있어서 효율성을 강조 • 명확한 조직목표의 설정을 강조하며, 합리적 목표 달성을 위한 수단으로서 구성원들의 전문능력을 중시하며, 구성원들 간의 경쟁을 주요 자극제로 활용

16 다음 중 조직에서 업무가 배정되는 방법에 대한 설명으로 옳지 않은 것은?

① 조직의 업무는 조직 전체의 목적을 달성하기 위해 배분된다.

② 업무를 배정하면 조직을 가로로 구분하게 된다.

③ 직위는 조직의 업무체계 중 하나의 업무가 차지하는 위치이다.

④ 업무를 배정할 때에는 일의 동일성, 유사성, 관련성에 따라 이루어진다.

(Tip) 조직을 가로로 구분하는 것을 직급이라 하며, 업무를 배정하면 조직을 세로로 구분하게 된다.

17 다음 국제 비즈니스 에티켓 중 명함예절에 대한 사항으로 바르지 않은 것은?

① 업무상 명함을 줄 때는 자기 소속을 분명히 밝힌다.

② 명함은 반드시 두 손으로 받으며, 한 손으로 받는 것은 예의에 어긋난다.

③ 상대의 명함을 그 자리에서 반드시 확인한다.

④ 자기 명함을 줄 때는 반드시 앉아서 왼손으로 준다.

(Tip) 자기 명함을 줄 때는 반드시 일어서서 오른손으로 준다.

18 다음 중 비행기에서의 예절로 바르지 않은 것은?

① 지정된 좌석에 앉고 무거운 휴대품이나 가방 등은 자신의 좌석 아래에 놓는다.

② 이착륙 시 안전벨트를 반드시 착용한다.

③ 양말을 벗거나 신발을 벗고 기내를 돌아다녀야 한다.

④ 상급자가 마지막으로 타고 먼저 내린다.

(Tip) 양말을 벗거나 신발을 벗고 기내를 돌아다니지 않는다.

19 다음 글의 '직무순환제'와 연관성이 높은 설명에 해당하는 것은?

> 대기환경관리 전문업체 ㈜인에어는 직원의 업무능력을 배양하고 유기적인 조직운영을 위해 '직무순환제'를 실시하고 있다. 이는 각 팀·파트에 속한 직원들이 일정 기간 해당 업무를 익힌 후 다른 부서로 이동해 또 다른 업무를 직접 경험해볼 수 있도록 하는 제도이다. 직무순환제를 통해 젊은 직원들은 다양한 업무를 거치면서 개개인의 역량을 쌓을 수 있을 뿐 아니라 풍부한 현장 경험을 축적하고 있다. 특히 대기환경 설비 등 플랜트 사업은 설계, 구매·조달, 시공 등 모든 파트의 유기적인 운영이 중요하다. 인에어의 경우에도 현장에서 실시하는 환경진단과 설비 운영 및 정비 등의 경험을 쌓은 직원이 효율적으로 집진기를 설계하며 생생한 현장 노하우가 영업에서의 성과로 이어진다. 또한 직무순환제를 통해 다른 부서의 업무를 실질적으로 이해함으로써 각 부서 간 활발한 소통과 협업을 이루고 있다.

① 직무순환은 조직변동에 따른 부서 간의 과부족 인원 조정·사원 개개인의 사정에 의한 구제를 하지 않기 위함이다.

② 직무순환을 실시함으로써 구성원들의 노동에 대한 싫증 및 소외감을 더 느끼게 될 것이다.

③ 구성원을 승진시키기 전 단계에서 실시하는 하나의 단계적인 교육훈련방법으로 파악하기 어렵다.

④ 직무순환을 실시할 경우 구성원 자신이 조직의 구성원으로써 가치 있는 존재로 인식하게끔 하는 역할을 수행한다.

 직무순환은 종업원들의 여러 업무에 대한 능력개발 및 단일직무로 인한 나태함을 줄이기 위함에 의미가 있으며, 다양한 업무를 경험함으로써 종업원에게도 어떠한 성장할 수 있는 기회를 제공한다.

20 집단의사결정과정의 하나인 브레인스토밍에 대한 설명으로 옳지 않은 것은?

① 다른 사람이 아이디어를 제시할 때에는 비판을 하지 않아야 한다.

② 문제에 대한 제안은 자유롭게 이루어질 수 있다.

③ 아이디어는 적을수록 결정이 빨라져 좋다.

④ 모든 아이디어들이 제안되고 나면 이를 결합하여 해결책을 마련한다.

 브레인스토밍이란 여러 사람이 한 가지의 문제를 놓고 아이디어를 비판 없이 제시하여 그 중에서 최선책을 찾는 방법으로 아이디어는 많이 나올수록 좋다.

21 조직 내 의사결정의 단점으로 볼 수 있는 것은?

① 여러 사람이 모여 자유롭게 논의가 이루어진다.

② 다양한 시각에서 문제를 바라볼 수 있다.

③ 상하간의 의사소통이 활발해진다.

④ 의사결정을 내리는 데 시간이 오래 소요된다.

 의사결정의 단점
㉠ 경영자층 위주로 의사결정이 이루어질 수 있다.
㉡ 내 의견이 반영될 수 있는 기회가 적다.
㉢ 의견이 불일치하는 경우 의사결정을 내리는 시간이 오래 소요된다.

22 다음은 L씨가 경영하는 스위치 생산 공장의 문제점과 대안을 나타낸 것이다. 이에 대한 설명으로 옳지 않은 것은?

> • 문제점 : 불량률의 증가
> • 해결방법 : 신기술의 도입
> • 가능한 대안
> −신기술의 도입
> −업무시간의 단축
> −생산라인의 변경

① 신기술을 도입할 경우 신제품의 출시가 가능하다.
② 업무시간을 단축할 경우 직원 채용에 대한 시간이 감소한다.
③ 생산라인을 변경하면 새로운 라인에 익숙해지는데 시간이 소요된다.
④ 업무시간을 단축하면 구성원들의 직무만족도를 증가시킬 수 있다.

 업무시간을 단축하게 되면 직원 채용에 대한 시간, 비용이 증가하게 된다.

23 다음 제시된 글에서 (가)와 (나)에 들어갈 말로 적절한 것은?

> 조직을 통해 조직구성원들 간에 공유하는 생활양식을 공유하는 것을 (가)라고 한다. 또한 조직의 목표나 전략에 따라 수립된 (나)를(을) 통해 일관성이 부여된다.

① (가) : 규칙, (나) : 조직문화
② (가) : 조직문화, (나) : 규칙
③ (가) : 조직구조, (나) : 조직목표
④ (나) : 조직목표, (나) : 조직구조

 조직체제 구성요소
 ㉠ 조직목표 : 전체 조직의 성과, 자원, 시장, 인력개발, 혁신과 변화, 생산성에 대한 목표
 ㉡ 조직문화 : 조직구성원들 간에 공유하는 생활양식이나 가치
 ㉢ 조직구조 : 조직 내의 부문 사이에 형성된 관계
 ㉣ 규칙 및 규정 : 조직의 목표나 전략에 따라 수립되어 조직구성원들이 활동범위를 제약하고 일관성을 부여하는 기능

Answer → 20.③ 21.④ 22.② 23.②

24 외부환경을 모니터링하고 변화를 전달하는 경영자의 역할은?

① 대인적 역할　　　　　　　　　　② 정보적 역할

③ 의사결정적 역할　　　　　　　　④ 상징적 역할

 경영자의 역할(민츠버그)
　　㉠ 대인적 역할 : 조직의 대표자 및 리더
　　㉡ 정보적 역할 : 외부환경을 모니터링하고 변화전달, 정보전달자
　　㉢ 의사결정적 역할 : 분쟁조정자, 자원배분자

25 다음의 국제 매너와 관련된 내용 중 바르지 않은 것은?

① 미국에서는 악수할 때 손끝만 잡는 것은 예의에 어긋나는 행동이다.

② 명함은 아랫사람이나 손님이 먼저 꺼내 오른손으로 상대방에게 준다.

③ 이름이나 호칭은 어떻게 부를지 먼저 물어보는 것이 예의이다.

④ 받은 명함을 탁자 위에 놓고 대화하는 것은 예의에 어긋나는 행동이다.

Tip　④ 받은 명함은 한번 보고 나서 탁자 위에 보이게 놓은 채로 대화하거나 명함지갑에 넣는
　　　다. 명함을 계속 구기거나 만지는 것은 예의에 어긋나는 일이다.

26 조직변화에 대한 설명이다. 옳지 않은 것은?

① 조직의 변화는 환경의 변화를 인지하는 데에서 시작된다.

② 기존의 조직구조나 경영방식 하에서 환경변화에 따라 제품이나 기술을 변화시키는 것
　이다.

③ 조직의 목적과 일치시키기 위해 문화를 변화시키기도 한다.

④ 조직변화는 제품과 서비스, 전략, 구조, 기술 문화 등에서 이루어질 수 있다.

Tip　② 조직변화 중 전략이나 구조의 변화는 조직의 조직구조나 경영방식을 개선하기도 한다.

27 경영전략에 대한 설명으로 적절하지 못한 것은?

① 원가우위 전략은 원가절감을 위해 해당 산업에서 우위를 차지하는 전략으로 대량생산을 통해 단위 원가를 낮추거나 새로운 생산기술을 개발하여야 한다.

② 차별화 전략은 우리나라 70년대의 섬유, 의류, 신발업체가 미국에 진출할 때 사용했던 전략이다.

③ 집중화 전략은 특정 시장이나 고객에게 한정된 전략으로 원가우위나 차별화 전략과는 달리 특정 산업을 대상으로 이루어진다.

④ 경쟁조직들이 소홀히 하고 있는 한정된 시장을 원가우위나 차별화전략을 사용하여 집중적으로 공략하는 것을 집중화 전략이라 한다.

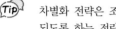 차별화 전략은 조직의 생산품이나 서비스를 차별화하여 고객에게 가치 있고 독특하게 인식되도록 하는 전략으로 이를 활용하기 위해서는 연구개발, 광고를 통하여 기술, 품질, 서비스, 브랜드이미지를 개선할 필요가 있다.

28 다음 중 기계적 조직의 특징으로 바르지 않은 것은?

① 급변하는 환경에 적합

② 구성원들의 업무가 분명히 규정

③ 다수의 규칙과 규정이 존재

④ 엄격한 상하 간 위계질서

 유기적 조직 … 기계적 조직과 대비되는 조직의 구조로 개인과 개성이 존중되고 이들의 기능이 횡적인 유대로써 기업 전체의 목적에 부합되도록 유도되는 구조이다. 기업의 시장 환경이나 기술 환경이 불확실한 상황에서는 매우 유효한 조직이다.

Answer ⟶ 24.② 25.④ 26.② 27.② 28.①

29 다음과 같은 전결사항에 관한 사내 규정을 보고 내린 판단으로 적절하지 않은 것은?

〈전결규정〉

업무내용	결재권자			
	사장	부사장	본부장	팀장
주간업무보고				○
팀장급 인수인계		○		
백만 불 이상 예산집행	○			
백만 불 이하 예산집행		○		
이사회 위원 위촉	○			
임직원 해외 출장	○(임원)		○(직원)	
임직원 휴가	○(임원)		○(직원)	
노조관련 협의사항		○		

☞ 결재권자가 출장, 휴가 등 사유로 부재중일 경우에는 결재권자의 차상급 직위자의 전 결사항으로 하되, 반드시 결재권자의 업무 복귀 후 후결로 보완한다.

① 팀장의 휴가는 본부장의 결재를 얻어야 한다.
② 강 대리는 계약 관련 해외 출장을 위하여 본부장의 결재를 얻어야 한다.
③ 최 이사와 노 과장의 동반 해외 출장 보고서는 본부장이 최종 결재권자이다.
④ 예산집행 결재는 금액에 따라 결재권자가 달라진다.

 ③ 최 이사와 노 과장의 동반 해외 출장 보고서는 최 이사가 임원이므로 사장이 최종 결재 권자가 되어야 하는 보고서가 된다.
① 직원의 휴가는 본부장이 최종 결재권자이다.
② 직원의 해외 출장은 본부장이 최종 결재권자이다.
④ 백만 불을 기준으로 결재권자가 달라진다.

30 다음 '갑' 기업과 '을' 기업에 대한 설명 중 적절하지 않은 것은?

> '갑' 기업은 다양한 사외 기관, 단체들과의 상호 교류 등 업무가 잦아 관련 업무를 전담하는 조직이 갖춰져 있다. 전담 조직의 인원이 바뀌는 일은 가끔 있지만, 상설 조직이 있어 매번 발생하는 유사 업무를 효율적으로 수행한다.
>
> '을' 기업은 사내 당구 동호회가 구성되어 있어 동호회에 가입한 직원들은 정기적으로 당구장을 찾아 쌓인 스트레스를 풀곤 한다. 가입과 탈퇴가 자유로우며 당구를 좋아하는 직원은 누구든 참여가 가능하다. 당구 동호회에 가입한 직원은 직급이 아닌 당구 실력으로만 평가 받으며, 언제 어디서 당구를 즐기든 상사의 지시를 받지 않아도 된다.

① '갑' 기업의 상설 조직은 의도적으로 만들어진 집단이다.
② '갑' 기업 상설 조직의 임무는 보통 명확하지 않고 즉흥적인 성격을 띤다.
③ '을' 기업 당구 동호회는 공식적인 임무 이외에 다양한 요구들에 의해 구성되는 경우가 많다.
④ '갑' 기업 상설 조직의 구성원은 인위적으로 참여한다.

 '갑' 기업의 상설 조직은 공식적, '을' 기업의 당구 동호회는 비공식적 집단이다. 공식적인 집단은 조직의 공식적인 목표를 추구하기 위해 조직에서 의도적으로 만든 집단이다. 따라서 공식적인 집단의 목표나 임무는 비교적 명확하게 규정되어 있으며, 여기에 참여하는 구성원들도 인위적으로 결정되는 경우가 많다.

Answer → 29.③ 30.②

PART

III

인성검사

01 인성검사의 개요

1 인성(성격)검사의 개념과 목적

인성(성격)이란 개인을 특징짓는 평범하고 일상적인 사회적 이미지, 즉 지속적이고 일관된 공적 성격(Public – personality)이며, 환경에 대응함으로써 선천적 · 후천적 요소의 상호작용으로 결정화된 심리적 · 사회적 특성 및 경향을 의미한다.

인성검사는 직무적성검사를 실시하는 대부분의 기업체에서 병행하여 실시하고 있으며, 인성검사만 독자적으로 실시하는 기업도 있다.

기업체에서는 인성검사를 통하여 각 개인이 어떠한 성격 특성이 발달되어 있고, 어떤 특성이 얼마나 부족한지, 그것이 해당 직무의 특성 및 조직문화와 얼마나 맞는지를 알아보고 이에 적합한 인재를 선발하고자 한다. 또한 개인에게 적합한 직무 배분과 부족한 부분을 교육을 통해 보완하도록 할 수 있다.

인성검사의 측정요소는 검사방법에 따라 차이가 있다. 또한 각 기업체들이 사용하고 있는 인성검사는 기존에 개발된 인성검사방법에 각 기업체의 인재상을 적용하여 자신들에게 적합하게 재개발하여 사용하는 경우가 많다. 그러므로 기업체에서 요구하는 인재상을 파악하여 그에 따른 대비책을 준비하는 것이 바람직하다. 본서에서 제시된 인성검사는 크게 '특성'과 '유형'의 측면에서 측정하게 된다.

2 성격의 특성

(1) 정서적 측면

정서적 측면은 평소 마음의 당연시하는 자세나 정신상태가 얼마나 안정하고 있는지 또는 불안정한지를 측정한다.

정서의 상태는 직무수행이나 대인관계와 관련하여 태도나 행동으로 드러난다. 그러므로 정서적 측면을 측정하는 것에 의해, 장래 조직 내의 인간관계에 어느 정도 잘 적응할 수 있을까(또는 적응하지 못할까)를 예측하는 것이 가능하다.

그렇기 때문에, 정서적 측면의 결과는 채용 시에 상당히 중시된다. 아무리 능력이 좋아도 장기적으로 조직 내의 인간관계에 잘 적응할 수 없다고 판단되는 인재는 기본적으로는 채용되지 않는다.

일반적으로 인성(성격)검사는 채용과는 관계없다고 생각하나 정서적으로 조직에 적응하지 못하는 인재는 채용단계에서 가려내지는 것을 유의하여야 한다.

① **민감성(신경도)** … 꼼꼼함, 섬세함, 성실함 등의 요소를 통해 일반적으로 신경질적인지 또는 자신의 존재를 위협받는다는 불안을 갖기 쉬운지를 측정한다.

질문	그렇다	약간 그렇다	그저 그렇다	별로 그렇지 않다	그렇지 않다
• 배려적이라고 생각한다. • 어지러진 방에 있으면 불안하다. • 실패 후에는 불안하다. • 세세한 것까지 신경쓴다. • 이유 없이 불안할 때가 있다.					

▶측정결과

㉠ '그렇다'가 많은 경우(상처받기 쉬운 유형) : 사소한 일에 신경 쓰고 다른 사람의 사소한 한마디 말에 상처를 받기 쉽다.
• 면접관의 심리 : '동료들과 잘 지낼 수 있을까?', '실패할 때마다 위축되지 않을까?'
• 면접대책 : 다소 신경질적이라도 능력을 발휘할 수 있다는 평가를 얻도록 한다. 주변과 충분한 의사소통이 가능하고, 결정한 것을 실행할 수 있다는 것을 보여주어야 한다.
㉡ '그렇지 않다'가 많은 경우(정신적으로 안정적인 유형) : 사소한 일에 신경 쓰지 않고 금방 해결하며, 주위 사람의 말에 과민하게 반응하지 않는다.
• 면접관의 심리 : '계약할 때 필요한 유형이고, 사고 발생에도 유연하게 대처할 수 있다.'
• 면접대책 : 일반적으로 '민감성'의 측정치가 낮으면 플러스 평가를 받으므로 더욱 자신감 있는 모습을 보여준다.

② **자책성(과민도)** … 자신을 비난하거나 책망하는 정도를 측정한다.

질문	그렇다	약간 그렇다	그저 그렇다	별로 그렇지 않다	그렇지 않다
• 후회하는 일이 많다. • 자신이 하찮은 존재라 생각된다. • 문제가 발생하면 자기의 탓이라고 생각한다. • 무슨 일이든지 끙끙대며 진행하는 경향이 있다. • 온순한 편이다.					

▶측정결과

㉠ '그렇다'가 많은 경우(자책하는 유형) : 비관적이고 후회하는 유형이다.
 • 면접관의 심리 : '끙끙대며 괴로워하고, 일을 진행하지 못할 것 같다.'
 • 면접대책 : 기분이 저조해도 항상 의욕을 가지고 생활하는 것과 책임감이 강하다는 것을 보여준다.
㉡ '그렇지 않다'가 많은 경우(낙천적인 유형) : 기분이 항상 밝은 편이다.
 • 면접관의 심리 : '안정된 대인관계를 맺을 수 있고, 외부의 압력에도 흔들리지 않는다.'
 • 면접대책 : 일반적으로 '자책성'의 측정치가 낮아야 좋은 평가를 받는다.

③ **기분성(불안도)** … 기분의 굴곡이나 감정적인 면의 미숙함이 어느 정도인지를 측정하는 것이다.

질문	그렇다	약간 그렇다	그저 그렇다	별로 그렇지 않다	그렇지 않다
• 다른 사람의 의견에 자신의 결정이 흔들리는 경우가 많다. • 기분이 쉽게 변한다. • 종종 후회한다. • 다른 사람보다 의지가 약한 편이라고 생각한다. • 금방 싫증을 내는 성격이라는 말을 자주 듣는다.					

▶측정결과

㉠ '그렇다'가 많은 경우(감정의 기복이 많은 유형) : 의지력보다 기분에 따라 행동하기 쉽다.
 • 면접관의 심리 : '감정적인 것에 약하며, 상황에 따라 생산성이 떨어지지 않을까?'
 • 면접대책 : 주변 사람들과 항상 협조한다는 것을 강조하고 한결같은 상태로 일할 수 있다는 평가를 받도록 한다.
㉡ '그렇지 않다'가 많은 경우(감정의 기복이 적은 유형) : 감정의 기복이 없고, 안정적이다.
 • 면접관의 심리 : '안정적으로 업무에 임할 수 있다.'
 • 면접대책 : 기분성의 측정치가 낮으면 플러스 평가를 받으므로 자신감을 가지고 면접에 임한다.

④ **독자성**(개인도) … 주변에 대한 견해나 관심, 자신의 견해나 생각에 어느 정도의 속박감을 가지고 있는지를 측정한다.

질문	그렇다	약간 그렇다	그저 그렇다	별로 그렇지 않다	그렇지 않다
• 창의적 사고방식을 가지고 있다. • 융통성이 있는 편이다. • 혼자 있는 편이 많은 사람과 있는 것보다 편하다. • 개성적이라는 말을 듣는다. • 교제는 번거로운 것이라고 생각하는 경우가 많다.					

▶측정결과

㉠ '그렇다'가 많은 경우 : 자기의 관점을 중요하게 생각하는 유형으로, 주위의 상황보다 자신의 느낌과 생각을 중시한다.
  • 면접관의 심리 : '제멋대로 행동하지 않을까?'
  • 면접대책 : 주위 사람과 협조하여 일을 진행할 수 있다는 것과 상식에 얽매이지 않는다는 인상을 심어 준다.

㉡ '그렇지 않다'가 많은 경우 : 상식적으로 행동하고 주변 사람의 시선에 신경을 쓴다.
  • 면접관의 심리 : '다른 직원들과 협조하여 업무를 진행할 수 있겠다.'
  • 면접대책 : 협조성이 요구되는 기업체에서는 플러스 평가를 받을 수 있다.

⑤ **자신감(자존심도)** … 자기 자신에 대해 얼마나 긍정적으로 평가하는지를 측정한다.

질문	그렇다	약간 그렇다	그저 그렇다	별로 그렇지 않다	그렇지 않다
• 다른 사람보다 능력이 뛰어나다고 생각한다.					
• 다소 반대의견이 있어도 나만의 생각으로 행동할 수 있다.					
• 나는 다른 사람보다 기가 센 편이다.					
• 동료가 나를 모욕해도 무시할 수 있다.					
• 대개의 일을 목적한 대로 헤쳐나갈 수 있다고 생각한다.					

▶측정결과

㉠ '그렇다'가 많은 경우 : 자기 능력이나 외모 등에 자신감이 있고, 비판당하는 것을 좋아하지 않는다.
• 면접관의 심리 : '자만하여 지시에 잘 따를 수 있을까?'
• 면접대책 : 다른 사람의 조언을 잘 받아들이고, 겸허하게 반성하는 면이 있다는 것을 보여주고, 동료들과 잘 지내며 리더의 자질이 있다는 것을 강조한다.
㉡ '그렇지 않다'가 많은 경우 : 자신감이 없고 다른 사람의 비판에 약하다.
• 면접관의 심리 : '패기가 부족하지 않을까?', '쉽게 좌절하지 않을까?'
• 면접대책 : 극도의 자신감 부족으로 평가되지는 않는다. 그러나 마음이 약한 면은 있지만 의욕적으로 일을 하겠다는 마음가짐을 보여준다.

⑥ **고양성(분위기에 들뜨는 정도)** ··· 자유분방함, 명랑함과 같이 감정(기분)의 높고 낮음의 정도를 측정한다.

질문	그렇다	약간 그렇다	그저 그렇다	별로 그렇지 않다	그렇지 않다
• 침착하지 못한 편이다. • 다른 사람보다 쉽게 우쭐해진다. • 모든 사람이 아는 유명인사가 되고 싶다. • 모임이나 집단에서 분위기를 이끄는 편이다. • 취미 등이 오랫동안 지속되지 않는 편이다.					

▶측정결과
㉠ '그렇다'가 많은 경우 : 자극이나 변화가 있는 일상을 원하고 기분을 들뜨게 하는 사람과 친밀하게 지내는 경향이 강하다.
• 면접관의 심리 : '일을 진행하는 데 변덕스럽지 않을까?'
• 면접대책 : 밝은 태도는 플러스 평가를 받을 수 있지만, 착실한 업무능력이 요구되는 직종에서는 마이너스 평가가 될 수 있다. 따라서 자기조절이 가능하다는 것을 보여준다.
㉡ '그렇지 않다'가 많은 경우 : 감정이 항상 일정하고, 속을 드러내 보이지 않는다.
• 면접관의 심리 : '안정적인 업무 태도를 기대할 수 있겠다.'
• 면접대책 : '고양성'의 낮음은 대체로 플러스 평가를 받을 수 있다. 그러나 '무엇을 생각하고 있는지 모르겠다' 등의 평을 듣지 않도록 주의한다.

⑦ **허위성(진위성)** … 필요 이상으로 자기를 좋게 보이려 하거나 기업체가 원하는 '이상형'에 맞춘 대답을 하고 있는지, 없는지를 측정한다.

질문	그렇다	약간 그렇다	그저 그렇다	별로 그렇지 않다	그렇지 않다
• 약속을 깨뜨린 적이 한 번도 없다.					
• 다른 사람을 부럽다고 생각해 본 적이 없다.					
• 꾸지람을 들은 적이 없다.					
• 사람을 미워한 적이 없다.					
• 화를 낸 적이 한 번도 없다.					

▶측정결과

㉠ **'그렇다'가 많은 경우** : 실제의 자기와는 다른, 말하자면 원칙으로 해답할 가능성이 있다.

• **면접관의 심리** : '거짓을 말하고 있다.'

• **면접대책** : 조금이라도 좋게 보이려고 하는 '거짓말쟁이'로 평가될 수 있다. '거짓을 말하고 있다.'는 마음 따위가 전혀 없다 해도 결과적으로는 정직하게 답하지 않는다는 것이 되어 버린다. '허위성'의 측정 질문은 구분되지 않고 다른 질문 중에 섞여 있다. 그러므로 모든 질문에 솔직하게 답하여야 한다. 또한 자기 자신과 너무 동떨어진 이미지로 답하면 좋은 결과를 얻지 못한다. 그리고 면접에서 '허위성'을 기본으로 한 질문을 받게 되므로 당황하거나 또다른 모순된 답변을 하게 된다. 겉치레를 하거나 무리한 욕심을 부리지 말고 '이런 사회인이 되고 싶다.'는 현재의 자신보다, 조금 성장한 자신을 표현하는 정도가 적당하다.

㉡ **'그렇지 않다'가 많은 경우** : 냉정하고 정직하며, 외부의 압력과 스트레스에 강한 유형이다. '대쪽 같음'의 이미지가 굳어지지 않도록 주의한다.

(2) 행동적인 측면

행동적 측면은 인격 중에 특히 행동으로 드러나기 쉬운 측면을 측정한다. 사람의 행동 특징 자체에는 선도 악도 없으나, 일반적으로는 일의 내용에 의해 원하는 행동이 있다. 때문에 행동적 측면은 주로 직종과 깊은 관계가 있는데 자신의 행동 특성을 살려 적합한 직종을 선택한다면 플러스가 될 수 있다.

행동 특성에서 보여 지는 특징은 면접장면에서도 드러나기 쉬운데 본서의 모의 TEST의 결과를 참고하여 자신의 태도, 행동이 면접관의 시선에 어떻게 비치는지를 점검하도록 한다.

① **사회적 내향성** … 대인관계에서 나타나는 행동경향으로 '낯가림'을 측정한다.

질문	선택
A : 파티에서는 사람을 소개받은 편이다. B : 파티에서는 사람을 소개하는 편이다.	
A : 처음 보는 사람과는 어색하게 시간을 보내는 편이다. B : 처음 보는 사람과는 즐거운 시간을 보내는 편이다.	
A : 친구가 적은 편이다. B : 친구가 많은 편이다.	
A : 자신의 의견을 말하는 경우가 적다. B : 자신의 의견을 말하는 경우가 많다.	
A : 사교적인 모임에 참석하는 것을 좋아하지 않는다. B : 사교적인 모임에 항상 참석한다.	

▶측정결과

㉠ 'A'가 많은 경우 : 내성적이고 사람들과 접하는 것에 소극적이다. 자신의 의견을 말하지 않고 조심스러운 편이다.
- 면접관의 심리 : '소극적인데 동료와 잘 지낼 수 있을까?'
- 면접대책 : 대인관계를 맺는 것을 싫어하지 않고 의욕적으로 첫일을 할 수 있다는 것을 보여준다.

㉡ 'B'가 많은 경우 : 사교적이고 자기의 생각을 명확하게 전달할 수 있다.
- 면접관의 심리 : '사교적이고 활동적인 것은 좋지만, 자기주장이 너무 강하지 않을까?'
- 면접대책 : 협조성을 보여주고, 자기주장이 너무 강하다는 인상을 주지 않도록 주의한다.

② 내성성(침착도) … 자신의 행동과 일에 대해 침착하게 생각하는 정도를 측정한다.

질문	선택
A : 시간이 걸려도 침착하게 생각하는 경우가 많다. B : 짧은 시간에 결정을 하는 경우가 많다.	
A : 실패의 원인을 찾고 반성하는 편이다. B : 실패를 해도 그다지(별로) 개의치 않는다.	
A : 결론이 도출되어도 몇 번 정도 생각을 바꾼다. B : 결론이 도출되면 신속하게 행동으로 옮긴다.	
A : 여러 가지 생각하는 것이 능숙하다. B : 여러 가지 일을 재빨리 능숙하게 처리하는 데 익숙하다.	
A : 여러 가지 측면에서 사물을 검토한다. B : 행동한 후 생각을 한다.	

▶측정결과

㉠ 'A'가 많은 경우 : 행동하기 보다는 생각하는 것을 좋아하고 신중하게 계획을 세워 실행한다.
• 면접관의 심리 : '행동으로 실천하지 못하고, 대응이 늦은 경향이 있지 않을까?'
• 면접대책 : 발로 뛰는 것을 좋아하고, 일을 더디게 한다는 인상을 주지 않도록 한다.

㉡ 'B'가 많은 경우 : 차분하게 생각하는 것보다 우선 행동하는 유형이다.
• 면접관의 심리 : '생각하는 것을 싫어하고 경솔한 행동을 하지 않을까?'
• 면접대책 : 계획을 세우고 행동할 수 있는 것을 보여주고 '사려깊다'라는 인상을 남기도록 한다.

③ **신체활동성** … 몸을 움직이는 것을 좋아하는가를 측정한다.

질문	선택
A : 민첩하게 활동하는 편이다. B : 준비행동이 없는 편이다.	
A : 일을 척척 해치우는 편이다. B : 일을 더디게 처리하는 편이다.	
A : 활발하다는 말을 듣는다. B : 얌전하다는 말을 듣는다.	
A : 몸을 움직이는 것을 좋아한다. B : 가만히 있는 것을 좋아한다.	
A : 스포츠를 하는 것을 즐긴다. B : 스포츠를 보는 것을 좋아한다.	

▶측정결과
㉠ 'A'가 많은 경우 : 활동적이고, 몸을 움직이게 하는 것이 컨디션이 좋다.
• 면접관의 심리 : '활동적으로 활동력이 좋아 보인다.'
• 면접대책 : 활동하고 얻은 성과 등과 주어진 상황의 대응능력을 보여준다.
㉡ 'B'가 많은 경우 : 침착한 인상으로, 차분하게 있는 타입이다.
• 면접관의 심리 : '좀처럼 행동하려 하지 않아 보이고, 일을 빠르게 처리할 수 있을까?'

④ **지속성(노력성)** … 무슨 일이든 포기하지 않고 끈기 있게 하려는 정도를 측정한다.

질문	선택
A : 일단 시작한 일은 시간이 걸려도 끝까지 마무리한다. B : 일을 하다 어려움에 부딪히면 단념한다.	
A : 끈질긴 편이다. B : 바로 단념하는 편이다.	
A : 인내가 강하다는 말을 듣는다. B : 금방 싫증을 낸다는 말을 듣는다.	
A : 집념이 깊은 편이다. B : 담백한 편이다.	
A : 한 가지 일에 구애되는 것이 좋다고 생각한다. B : 간단하게 체념하는 것이 좋다고 생각한다.	

▶측정결과

㉠ 'A'가 많은 경우 : 시작한 것은 어려움이 있어도 포기하지 않고 인내심이 높다.

• 면접관의 심리 : '한 가지의 일에 너무 구애되고, 업무의 진행이 원활할까?'

• 면접대책 : 인내력이 있는 것은 플러스 평가를 받을 수 있지만 집착이 강해 보이기도 한다.

㉡ 'B'가 많은 경우 : 뒤끝이 없고 조그만 실패로 일을 포기하기 쉽다.

• 면접관의 심리 : '질리는 경향이 있고, 일을 정확히 끝낼 수 있을까?'

• 면접대책 : 지속적인 노력으로 성공했던 사례를 준비하도록 한다.

⑤ **신중성(주의성)** ⋯ 자신이 처한 주변상황을 즉시 파악하고 자신의 행동이 어떤 영향을 미치는지를 측정한다.

질문	선택
A : 여러 가지로 생각하면서 완벽하게 준비하는 편이다. B : 행동할 때부터 임기응변적인 대응을 하는 편이다.	
A : 신중해서 타이밍을 놓치는 편이다. B : 준비 부족으로 실패하는 편이다.	
A : 자신은 어떤 일에도 신중히 대응하는 편이다. B : 순간적인 충동으로 활동하는 편이다.	
A : 시험을 볼 때 끝날 때까지 재검토하는 편이다. B : 시험을 볼 때 한 번에 모든 것을 마치는 편이다.	
A : 일에 대해 계획표를 만들어 실행한다. B : 일에 대한 계획표 없이 진행한다.	

▶측정결과
㉠ **'A'가 많은 경우** : 주변 상황에 민감하고, 예측하여 계획 있게 일을 진행한다.
• **면접관의 심리** : '너무 신중해서 적절한 판단을 할 수 있을까?', '앞으로의 상황에 불안을 느끼지 않을까?'
• **면접대책** : 예측을 하고 실행을 하는 것은 플러스 평가가 되지만, 너무 신중하면 일의 진행이 정체될 가능성을 보이므로 추진력이 있다는 강한 의욕을 보여준다.
㉡ **'B'가 많은 경우** : 주변 상황을 살펴보지 않고 착실한 계획 없이 일을 진행시킨다.
• **면접관의 심리** : '사려 깊지 않고, 실패하는 일이 많지 않을까?', '판단이 빠르고 유연한 사고를 할 수 있을까?'
• **면접대책** : 사전준비를 중요하게 생각하고 있다는 것 등을 보여주고, 경솔한 인상을 주지 않도록 한다. 또한 판단력이 빠르거나 유연한 사고 덕분에 일 처리를 잘 할 수 있다는 것을 강조한다.

(3) 의욕적인 측면

의욕적인 측면은 의욕의 정도, 활동력의 유무 등을 측정한다. 여기서의 의욕이란 우리들이 보통 말하고 사용하는 '하려는 의지'와는 조금 뉘앙스가 다르다. '하려는 의지'란 그 때의 환경이나 기분에 따라 변화하는 것이지만, 여기에서는 조금 더 변화하기 어려운 특징, 말하자면 정신적 에너지의 양으로 측정하는 것이다.

의욕적 측면은 행동적 측면과는 다르고, 전반적으로 어느 정도 점수가 높은 쪽을 선호한다. 모의검사의 의욕적 측면의 결과가 낮다면, 평소 일에 몰두할 때 조금 의욕 있는 자세를 가지고 서서히 개선하도록 노력해야 한다.

① 달성의욕 … 목적의식을 가지고 높은 이상을 가지고 있는지를 측정한다.

질문	선택
A : 경쟁심이 강한 편이다. B : 경쟁심이 약한 편이다.	
A : 어떤 한 분야에서 제1인자가 되고 싶다고 생각한다. B : 어느 분야에서든 성실하게 임무를 진행하고 싶다고 생각한다.	
A : 규모가 큰일을 해보고 싶다. B : 맡은 일에 충실히 임하고 싶다.	
A : 아무리 노력해도 실패한 것은 아무런 도움이 되지 않는다. B : 가령 실패했을 지라도 나름대로의 노력이 있었으므로 괜찮다.	
A : 높은 목표를 설정하여 수행하는 것이 의욕적이다. B : 실현 가능한 정도의 목표를 설정하는 것이 의욕적이다.	

▶측정결과
㉠ 'A'가 많은 경우 : 큰 목표와 높은 이상을 가지고 승부욕이 강한 편이다.
• 면접관의 심리 : '열심히 일을 해줄 것 같은 유형이다.'
• 면접대책 : 달성의욕이 높다는 것은 어떤 직종이라도 플러스 평가가 된다.
㉡ 'B'가 많은 경우 : 현재의 생활을 소중하게 여기고 비약적인 발전을 위하여 기를 쓰지 않는다.
• 면접관의 심리 : '외부의 압력에 약하고, 기획입안 등을 하기 어려울 것이다.'
• 면접대책 : 일을 통하여 하고 싶은 것들을 구체적으로 어필한다.

② **활동의욕** … 자신에게 잠재된 에너지의 크기로, 정신적인 측면의 활동력이라 할 수 있다.

질문	선택
A : 하고 싶은 일을 실행으로 옮기는 편이다. B : 하고 싶은 일을 좀처럼 실행할 수 없는 편이다.	
A : 어려운 문제를 해결해 가는 것이 좋다. B : 어려운 문제를 해결하는 것을 잘하지 못한다.	
A : 일반적으로 결단이 빠른 편이다. B : 일반적으로 결단이 느린 편이다.	
A : 곤란한 상황에도 도전하는 편이다. B : 사물의 본질을 깊게 관찰하는 편이다.	
A : 시원시원하다는 말을 잘 듣는다. B : 꼼꼼하다는 말을 잘 듣는다.	

▶**측정결과**

㉠ '**A**'가 많은 경우 : 꾸물거리는 것을 싫어하고 재빠르게 결단해서 행동하는 타입이다.
- **면접관의 심리** : '일을 처리하는 솜씨가 좋고, 일을 척척 진행할 수 있을 것 같다.'
- **면접대책** : 활동의욕이 높은 것은 플러스 평가가 된다. 사교성이나 활동성이 강하다는 인상을 준다.

㉡ '**B**'가 많은 경우 : 안전하고 확실한 방법을 모색하고 차분하게 시간을 아껴서 일에 임하는 타입이다.
- **면접관의 심리** : '재빨리 행동을 못하고, 일의 처리속도가 느린 것이 아닐까?'
- **면접대책** : 활동성이 있는 것을 좋아하고 움직임이 더디다는 인상을 주지 않도록 한다.

3 성격의 유형

(1) 인성검사유형의 4가지 척도

정서적인 측면, 행동적인 측면, 의욕적인 측면의 요소들은 성격 특성이라는 관점에서 제시된 것들로 각 개인의 장·단점을 파악하는 데 유용하다. 그러나 전체적인 개인의 인성을 이해하는 데는 한계가 있다.

성격의 유형은 개인의 '성격적인 특색'을 가리키는 것으로, 사회인으로서 적합한지, 아닌지를 말하는 관점과는 관계가 없다. 따라서 채용의 합격 여부에는 사용되지 않는 경우가 많으며, 입사 후의 적정 부서 배치의 자료가 되는 편이라 생각하면 된다. 그러나 채용과 관계가 없다고 해서 아무런 준비도 필요없는 것은 아니다. 자신을 아는 것은 면접 대책의 밑거름이 되므로 모의검사 결과를 충분히 활용하도록 하여야 한다.

본서에서는 4개의 척도를 사용하여 기본적으로 16개의 패턴으로 성격의 유형을 분류하고 있다. 각 개인의 성격이 어떤 유형인지 재빨리 파악하기 위해 사용되며, '적성'에 맞는지, 맞지 않는지의 관점에 활용된다.

- 흥미·관심의 방향 : 내향형 ←————→ 외향형
- 사물에 대한 견해 : 직관형 ←————→ 감각형
- 판단하는 방법 : 감정형 ←————→ 사고형
- 환경에 대한 접근방법 : 지각형 ←————→ 판단형

(2) 성격유형

① 흥미·관심의 방향(내향➪외향) ··· 흥미·관심의 방향이 자신의 내면에 있는지, 주위환경 등 외면에 향하는 지를 가리키는 척도이다.

질문	선택
A : 내성적인 성격인 편이다. B : 개방적인 성격인 편이다.	
A : 항상 신중하게 생각을 하는 편이다. B : 바로 행동에 착수하는 편이다.	
A : 수수하고 조심스러운 편이다. B : 자기 표현력이 강한 편이다.	
A : 다른 사람과 함께 있으면 침착하지 않다. B : 혼자서 있으면 침착하지 않다.	

▶측정결과
㉠ 'A'가 많은 경우(내향) : 관심의 방향이 자기 내면에 있으며, 조용하고 낯을 가리는 유형이다. 행동력은 부족하나 집중력이 뛰어나고 신중하고 꼼꼼하다.
㉡ 'B'가 많은 경우(외향) : 관심의 방향이 외부환경에 있으며, 사교적이고 활동적인 유형이다. 꼼꼼함이 부족하여 대충하는 경향이 있으나 행동력이 있다.

② 일(사물)을 보는 방법(직감⇆감각) … 일(사물)을 보는 법이 직감적으로 형식에 얽매이는지, 감각적으로 상식적인지를 가리키는 척도이다.

질문	선택
A : 현실주의적인 편이다. B : 상상력이 풍부한 편이다.	
A : 정형적인 방법으로 일을 처리하는 것을 좋아한다. B : 만들어진 방법에 변화가 있는 것을 좋아한다.	
A : 경험에서 가장 적합한 방법으로 선택한다. B : 지금까지 없었던 새로운 방법을 개척하는 것을 좋아한다.	
A : 성실하다는 말을 듣는다. B : 호기심이 강하다는 말을 듣는다.	

▶측정결과
㉠ 'A'가 많은 경우(감각) : 현실적이고 경험주의적이며 보수적인 유형이다.
㉡ 'B'가 많은 경우(직관) : 새로운 주제를 좋아하며, 독자적인 시각을 가진 유형이다.

③ 판단하는 방법(감정⇆사고) … 일을 감정적으로 판단하는지, 논리적으로 판단하는지를 가리키는 척도이다.

질문	선택
A : 인간관계를 중시하는 편이다. B : 일의 내용을 중시하는 편이다.	
A : 결론을 자기의 신념과 감정에서 이끌어내는 편이다. B : 결론을 논리적 사고에 의거하여 내리는 편이다.	
A : 다른 사람보다 동정적이고 눈물이 많은 편이다. B : 다른 사람보다 이성적이고 냉정하게 대응하는 편이다.	
A : 다른 사람보다 동정적이고 눈물이 많은 편이다. B : 다른 사람보다 이성적이고 냉정하게 대응하는 편이다.	

▶측정결과
㉠ 'A'가 많은 경우(감정) : 일을 판단할 때 마음·감정을 중요하게 여기는 유형이다. 감정이 풍부하고 친절하나 엄격함이 부족하고 우유부단하며, 합리성이 부족하다.
㉡ 'B'가 많은 경우(사고) : 일을 판단할 때 논리성을 중요하게 여기는 유형이다. 이성적이고 합리적이나 타인에 대한 배려가 부족하다.

④ **환경에 대한 접근방법** … 주변상황에 어떻게 접근하는지, 그 판단기준을 어디에 두는지를 측정한다.

질문	선택
A : 사전에 계획을 세우지 않고 행동한다. B : 반드시 계획을 세우고 그것에 의거해서 행동한다.	
A : 자유롭게 행동하는 것을 좋아한다. B : 조직적으로 행동하는 것을 좋아한다.	
A : 조직성이나 관습에 속박당하지 않는다. B : 조직성이나 관습을 중요하게 여긴다.	
A : 계획 없이 낭비가 심한 편이다. B : 예산을 세워 물건을 구입하는 편이다.	

▶측정결과
㉠ 'A'가 많은 경우(지각) : 일의 변화에 융통성을 가지고 유연하게 대응하는 유형이다. 낙관적이며 질서보다는 자유를 좋아하나 임기응변식의 대응으로 무계획적인 인상을 줄 수 있다.
㉡ 'B'가 많은 경우(판단) : 일의 진행시 계획을 세워서 실행하는 유형이다. 순차적으로 진행하는 일을 좋아하고 끈기가 있으나 변화에 대해 적절하게 대응하지 못하는 경향이 있다.

(3) 성격유형의 판정

성격유형은 합격 여부의 판정보다는 배치를 위한 자료로써 이용된다. 즉, 기업은 입사시험 단계에서 입사 후에도 사용할 수 있는 정보를 입수하고 있다는 것이다. 성격검사에서는 어느 척도가 얼마나 고득점이었는지에 주시하고 각각의 측면에서 반드시 하나씩 고르고 편성한다. 편성은 모두 16가지가 되나 각각의 측면을 더 세분하면 200가지 이상의 유형이 나온다.

여기에서는 16가지 편성을 제시한다. 성격검사에 어떤 정보가 게재되어 있는지를 이해하면서 자기의 성격유형을 파악하기 위한 실마리로 활용하도록 한다.

① 내향 – 직관 – 감정 – 지각(TYPE A)
관심이 내면에 향하고 조용하고 소극적이다. 사물에 대한 견해는 새로운 것에 대해 호기심이 강하고, 독창적이다. 감정은 좋아하는 것과 싫어하는 것의 판단이 확실하고, 감정이 풍부하고 따뜻한 느낌이 있는 반면, 합리성이 부족한 경향이 있다. 환경에 접근하는 방법은 순응적이고 상황의 변화에 대해 유연하게 대응하는 것을 잘한다.

② 내향 – 직관 – 감정 – 사고(TYPE B)

관심이 내면으로 향하고 조용하고 쑥쓰러움을 잘 타는 편이다. 사물을 보는 관점은 독창적이며, 자기나름대로 궁리하며 생각하는 일이 많다. 좋고 싫음으로 판단하는 경향이 강하고 타인에게는 친절한 반면, 우유부단하기 쉬운 편이다. 환경 변화에 대해 유연하게 대응하는 것을 잘한다.

③ 내향 – 직관 – 사고 – 지각(TYPE C)

관심이 내면으로 향하고 얌전하고 교제범위가 좁다. 사물을 보는 관점은 독창적이며, 현실에서 먼 추상적인 것을 생각하기를 좋아한다. 논리적으로 생각하고 판단하는 경향이 강하고 이성적이지만, 남의 감정에 대해서는 무반응인 경향이 있다. 환경의 변화에 순응적이고 융통성 있게 임기응변으로 대응할 수가 있다.

④ 내향 – 직관 – 사고 – 판단(TYPE D)

관심이 내면으로 향하고 주의깊고 신중하게 행동을 한다. 사물을 보는 관점은 독창적이며 논리를 좋아해서 이치를 따지는 경향이 있다. 논리적으로 생각하고 판단하는 경향이 강하고, 객관적이지만 상대방의 마음에 대한 배려가 부족한 경향이 있다. 환경에 대해서는 순응하는 것보다 대응하며, 한 번 정한 것은 끈질기게 행동하려 한다.

⑤ 내향 – 감각 – 감정 – 지각(TYPE E)

관심이 내면으로 향하고 조용하며 소극적이다. 사물을 보는 관점은 상식적이고 그대로의 것을 좋아하는 경향이 있다. 좋음과 싫음으로 판단하는 경향이 강하고 타인에 대해서 동정심이 많은 반면, 엄격한 면이 부족한 경향이 있다. 환경에 대해서는 순응적이고, 예측할 수 없다해도 태연하게 행동하는 경향이 있다.

⑥ 내향 – 감각 – 감정 – 판단(TYPE F)

관심이 내면으로 향하고 얌전하며 쑥쓰러움을 많이 탄다. 사물을 보는 관점은 상식적이고 논리적으로 생각하는 것보다도 경험을 중요시하는 경향이 있다. 좋고 싫음으로 판단하는 경향이 강하고 사람이 좋은 반면, 개인적 취향이나 소원에 영향을 받는 일이 많은 경향이 있다. 환경에 대해서는 영향을 받지 않고, 자기 페이스 대로 꾸준히 성취하는 일을 잘한다.

⑦ 내향 – 감각 – 사고 – 지각(TYPE G)

관심이 내면으로 향하고 얌전하고 교제범위가 좁다. 사물을 보는 관점은 상식적인 동시에 실천적이며, 틀에 박힌 형식을 좋아한다. 논리적으로 판단하는 경향이 강하고 침착하지만 사람에 대해서는 엄격하여 차가운 인상을 주는 일이 많다. 환경에 대해서 순응적이고, 계획적으로 행동하지 않으며 자유로운 행동을 좋아하는 경향이 있다.

⑧ 내향 – 감각 – 사고 – 판단(TYPE H)

관심이 내면으로 향하고 주의 깊고 신중하게 행동을 한다. 사물을 보는 관점이 상식적이고 새롭고 경험하지 못한 일에 대응을 잘 하지 못한다. 논리적으로 생각하고 판단하는 경향이 강하고, 공평하지만 상대방의 감정에 대해 배려가 부족할 때가 있다. 환경에 대해서는 작용하는 편이고, 질서 있게 행동하는 것을 좋아한다.

⑨ 외향 – 직관 – 감정 – 지각(TYPE I)

관심이 외향으로 향하고 밝고 활동적이며 교제범위가 넓다. 사물을 보는 관점은 독창적이고 호기심이 강하며 새로운 것을 생각하는 것을 좋아한다. 좋음 싫음으로 판단하는 경향이 강하다. 사람은 좋은 반면 개인적 취향이나 소원에 영향을 받는 일이 많은 편이다.

⑩ 외향 – 직관 – 감정 – 판단(TYPE J)

관심이 외향으로 향하고 개방적이며 누구와도 쉽게 친해질 수 있다. 사물을 보는 관점은 독창적이고 자기 나름대로 궁리하고 생각하는 면이 많다. 좋음과 싫음으로 판단하는 경향이 강하고, 타인에 대해 동정적이기 쉽고 엄격함이 부족한 경향이 있다. 환경에 대해서는 작용하는 편이고 질서 있는 행동을 하는 것을 좋아한다.

⑪ 외향 – 직관 – 사고 – 지각(TYPE K)

관심이 외향으로 향하고 태도가 분명하며 활동적이다. 사물을 보는 관점은 독창적이고 현실과 거리가 있는 추상적인 것을 생각하는 것을 좋아한다. 논리적으로 생각하고 판단하는 경향이 강하고, 공평하지만 상대에 대한 배려가 부족할 때가 있다.

⑫ 외향 – 직관 – 사고 – 판단(TYPE L)

관심이 외향으로 향하고 밝고 명랑한 성격이며 사교적인 것을 좋아한다. 사물을 보는 관점은 독창적이고 논리적인 것을 좋아하기 때문에 이치를 따지는 경향이 있다. 논리적으로 생각하고 판단하는 경향이 강하고 침착성이 뛰어나지만 사람에 대해서 엄격하고 차가운 인상을 주는 경우가 많다. 환경에 대해 작용하는 편이고 계획을 세우고 착실하게 실행하는 것을 좋아한다.

⑬ 외향 – 감각 – 감정 – 지각(TYPE M)

관심이 외향으로 향하고 밝고 활동적이고 교제범위가 넓다. 사물을 보는 관점은 상식적이고 종래대로 있는 것을 좋아한다. 보수적인 경향이 있고 좋아함과 싫어함으로 판단하는 경향이 강하며 타인에게는 친절한 반면, 우유부단한 경우가 많다. 환경에 대해 순응적이고, 융통성이 있고 임기응변으로 대응할 가능성이 높다.

⑭ 외향 – 감각 – 감정 – 판단(TYPE N)

관심이 외향으로 향하고 개방적이며 누구와도 쉽게 대면할 수 있다. 사물을 보는 관점은 상식적이고 논리적으로 생각하기보다는 경험을 중시하는 편이다. 좋아함과 싫어함으로 판단하는 경향이 강하고 감정이 풍부하며 따뜻한 느낌이 있는 반면에 합리성이 부족한 경우가 많다. 환경에 대해서 작용하는 편이고, 한 번 결정한 것은 끈질기게 실행하려고 한다.

⑮ 외향 – 감각 – 사고 – 지각(TYPE O)

관심이 외향으로 향하고 시원한 태도이며 활동적이다. 사물을 보는 관점이 상식적이며 동시에 실천적이고 명백한 형식을 좋아하는 경향이 있다. 논리적으로 생각하고 판단하는 경향이 강하고, 객관적이지만 상대 마음에 대해 배려가 부족한 경향이 있다.

⑯ 외향 – 감각 – 사고 – 판단(TYPE P)

관심이 외향으로 향하고 밝고 명랑하며 사교적인 것을 좋아한다. 사물을 보는 관점은 상식적이고 경험하지 못한 새로운 것에 대응을 잘 하지 못한다. 논리적으로 생각하고 판단하는 경향이 강하고 이성적이지만 사람의 감정에 무심한 경향이 있다. 환경에 대해서는 작용하는 편이고, 자기 페이스대로 꾸준히 성취하는 것을 잘한다.

(1) 미리 알아두어야 할 점

① 출제 문항 수 … 인성검사의 출제 문항 수는 특별히 정해진 것이 아니며 각 기업체의 기준에 따라 달라질 수 있다. 보통 100문항 이상에서 500문항까지 출제된다고 예상하면 된다.

② 출제형식

    ㉠ '예' 아니면 '아니오'의 형식

다음 문항을 읽고 자신에게 해당되는지 안 되는지를 판단하여 해당될 경우 '예'를, 해당되지 않을 경우 '아니오'를 고르시오.

질문	예	아니오
1. 자신의 생각이나 의견은 좀처럼 변하지 않는다.	○	
2. 구입한 후 끝까지 읽지 않은 책이 많다.		○

다음 문항에 대해서 평소에 자신이 생각하고 있는 것이나 행동하고 있는 것에 ○표를 하시오.

질문	그렇다	약간 그렇다	그저 그렇다	별로 그렇지 않다	그렇지 않다
1. 시간에 쫓기는 것이 싫다.		○			
2. 여행가기 전에 계획을 세운다			○		

ⓛ A와 B의 선택형식

A와 B에 주어진 문장을 읽고 자신에게 해당되는 것을 고르시오.

질문	선택
A : 걱정거리가 있어서 잠을 못 잘 때가 있다.	(○)
B : 걱정거리가 있어도 잠을 잘 잔다.	( )

(2) 임하는 자세

① **솔직하게 있는 그대로 표현한다** … 인성검사는 평범한 일상생활 내용들을 다룬 짧은 문장과 어떤 대상이나 일에 대한 선로를 선택하는 문장으로 구성되었으므로 평소에 자신이 생각한 바를 너무 골똘히 생각하지 말고 문제를 보는 순간 떠오른 것을 표현한다.

② **모든 문제를 신속하게 대답한다** … 인성검사는 시간 제한이 없는 것이 원칙이지만 기업체들은 일정한 시간 제한을 두고 있다. 인성검사는 개인의 성격과 자질을 알아보기 위한 검사이기 때문에 정답이 없다. 다만, 기업체에서 바람직하게 생각하거나 기대되는 결과가 있을 뿐이다. 따라서 시간에 쫓겨서 대충 대답을 하는 것은 바람직하지 못하다.

02 실전 인성검사

┃1~270┃ 다음 (   ) 안에 당신에게 적합하다면 YES, 그렇지 않다면 NO를 선택하시오(인성검사는 응시자의 인성을 파악하기 위한 자료이므로 정답이 존재하지 않습니다).

YES　NO

1. 조금이라도 나쁜 소식은 절망의 시작이라고 생각해버린다. ·····················(　)(　)
2. 언제나 실패가 걱정이 되어 어쩔 줄 모른다. ···································(　)(　)
3. 다수결의 의견에 따르는 편이다. ···(　)(　)
4. 혼자서 식당에 들어가는 것은 전혀 두려운 일이 아니다. ·······················(　)(　)
5. 승부근성이 강하다. ···(　)(　)
6. 자주 흥분해서 침착하지 못한다. ··(　)(　)
7. 지금까지 살면서 타인에게 폐를 끼친 적이 없다. ······························(　)(　)
8. 소곤소곤 이야기하는 것을 보면 자기에 대해 험담하고 있는 것으로 생각된다. ··(　)(　)
9. 무엇이든지 자기가 나쁘다고 생각하는 편이다. ·······························(　)(　)
10. 자신을 변덕스러운 사람이라고 생각한다. ····································(　)(　)
11. 고독을 즐기는 편이다. ···(　)(　)
12. 자존심이 강하다고 생각한다. ···(　)(　)
13. 금방 흥분하는 성격이다. ···(　)(　)
14. 거짓말을 한 적이 없다. ··(　)(　)
15. 신경질적인 편이다. ··(　)(　)
16. 끙끙대며 고민하는 타입이다. ···(　)(　)
17. 감정적인 사람이라고 생각한다. ···(　)(　)
18. 자신만의 신념을 가지고 있다. ··(　)(　)
19. 다른 사람을 바보 같다고 생각한 적이 있다. ··································(　)(　)
20. 금방 말해버리는 편이다. ···(　)(　)
21. 싫어하는 사람이 없다. ···(　)(　)
22. 대재앙이 오지 않을까 항상 걱정을 한다. ·····································(　)(　)
23. 쓸데없는 고생을 하는 일이 많다. ···(　)(　)
24. 자주 생각이 바뀌는 편이다. ··(　)(　)

25. 문제점을 해결하기 위해 여러 사람과 상의한다. ······················(　)(　)

26. 내 방식대로 일을 한다. ··(　)(　)

27. 영화를 보고 운 적이 많다. ···(　)(　)

28. 어떤 것에 대해서도 화낸 적이 없다. ·······································(　)(　)

29. 사소한 충고에도 걱정을 한다. ···(　)(　)

30. 자신은 도움이 안되는 사람이라고 생각한다. ······························(　)(　)

31. 금방 싫증을 내는 편이다. ···(　)(　)

32. 개성적인 사람이라고 생각한다. ···(　)(　)

33. 자기 주장이 강한 편이다. ···(　)(　)

34. 뒤숭숭하다는 말을 들은 적이 있다. ···(　)(　)

35. 학교를 쉬고 싶다고 생각한 적이 한 번도 없다. ·······················(　)(　)

36. 사람들과 관계맺는 것을 보면 잘하지 못한다. ···························(　)(　)

37. 사려깊은 편이다. ···(　)(　)

38. 몸을 움직이는 것을 좋아한다. ···(　)(　)

39. 끈기가 있는 편이다. ···(　)(　)

40. 신중한 편이라고 생각한다. ···(　)(　)

41. 인생의 목표는 큰 것이 좋다. ···(　)(　)

42. 어떤 일이라도 바로 시작하는 타입이다. ···································(　)(　)

43. 낯가림을 하는 편이다. ··(　)(　)

44. 생각하고 나서 행동하는 편이다. ···(　)(　)

45. 쉬는 날은 밖으로 나가는 경우가 많다. ···································(　)(　)

46. 시작한 일은 반드시 완성시킨다. ···(　)(　)

47. 면밀한 계획을 세운 여행을 좋아한다. ·····································(　)(　)

48. 야망이 있는 편이라고 생각한다. ···(　)(　)

49. 활동력이 있는 편이다. ··(　)(　)

50. 많은 사람들과 와자지껄하게 식사하는 것을 좋아하지 않는다. ······(　)(　)

51. 돈을 허비한 적이 없다. ··(　)(　)

52. 운동회를 아주 좋아하고 기대했다. ··(　)(　)

53. 하나의 취미에 열중하는 타입이다. ··(　)(　)

54. 모임에서 회장에 어울린다고 생각한다. ·····························(　)(　)

55. 입신출세의 성공이야기를 좋아한다. ······························(　)(　)

56. 어떠한 일도 의욕을 가지고 임하는 편이다. ·····················(　)(　)

57. 학급에서는 존재가 희미했다. ···································(　)(　)

58. 항상 무언가를 생각하고 있다. ···································(　)(　)

59. 스포츠는 보는 것보다 하는 게 좋다. ····························(　)(　)

60. '참 잘했네요'라는 말을 듣는다. ································(　)(　)

61. 흐린 날은 반드시 우산을 가지고 간다. ·························(　)(　)

62. 주연상을 받을 수 있는 배우를 좋아한다. ······················(　)(　)

63. 공격하는 타입이라고 생각한다. ·································(　)(　)

64. 리드를 받는 편이다. ··(　)(　)

65. 너무 신중해서 기회를 놓친 적이 있다. ·························(　)(　)

66. 시원시원하게 움직이는 타입이다. ·······························(　)(　)

67. 야근을 해서라도 업무를 끝낸다. ································(　)(　)

68. 누군가를 방문할 때는 반드시 사전에 확인한다. ···············(　)(　)

69. 노력해도 결과가 따르지 않으면 의미가 없다. ·················(　)(　)

70. 무조건 행동해야 한다. ··(　)(　)

71. 유행에 둔감하다고 생각한다. ···································(　)(　)

72. 정해진대로 움직이는 것은 시시하다. ··························(　)(　)

73. 꿈을 계속 가지고 있고 싶다. ···································(　)(　)

74. 질서보다 자유를 중요시하는 편이다. ··························(　)(　)

75. 혼자서 취미에 몰두하는 것을 좋아한다. ·······················(　)(　)

76. 직관적으로 판단하는 편이다. ···································(　)(　)

77. 영화나 드라마를 보면 등장인물의 감정에 이입된다. ···········(　)(　)

78. 시대의 흐름에 역행해서라도 자신을 관철하고 싶다. ··········(　)(　)

79. 다른 사람의 소문에 관심이 없다. ·······························(　)(　)

80. 창조적인 편이다. ···(　)(　)

81. 비교적 눈물이 많은 편이다. ····································(　)(　)

82. 융통성이 있다고 생각한다. ·····································(　)(　)

83. 친구의 휴대전화 번호를 잘 모른다. ···( )( )

84. 스스로 고안하는 것을 좋아한다. ···( )( )

85. 정이 두터운 사람으로 남고 싶다. ···( )( )

86. 조직의 일원으로 별로 안 어울린다. ···( )( )

87. 세상의 일에 별로 관심이 없다. ···( )( )

88. 변화를 추구하는 편이다. ···( )( )

89. 업무는 인간관계로 선택한다. ··( )( )

90. 환경이 변하는 것에 구애되지 않는다. ···( )( )

91. 불안감이 강한 편이다. ···( )( )

92. 인생은 살 가치가 없다고 생각한다. ···( )( )

93. 의지가 약한 편이다. ···( )( )

94. 다른 사람이 하는 일에 별로 관심이 없다. ···( )( )

95. 사람을 설득시키는 것은 어렵지 않다. ···( )( )

96. 심심한 것을 못 참는다. ···( )( )

97. 다른 사람을 욕한 적이 한 번도 없다. ···( )( )

98. 다른 사람에게 어떻게 보일지 신경을 쓴다. ·······································( )( )

99. 금방 낙심하는 편이다. ···( )( )

100. 다른 사람에게 의존하는 경향이 있다. ···( )( )

101. 그다지 융통성이 있는 편이 아니다. ··( )( )

102. 다른 사람이 내 의견에 간섭하는 것이 싫다. ·····································( )( )

103. 낙천적인 편이다. ···( )( )

104. 숙제를 잊어버린 적이 한 번도 없다. ···( )( )

105. 밤길에는 발소리가 들리기만 해도 불안하다. ·····································( )( )

106. 상냥하다는 말을 들은 적이 있다. ···( )( )

107. 자신은 유치한 사람이다. ··( )( )

108. 잡담을 하는 것보다 책을 읽는게 낫다. ··( )( )

109. 나는 영업에 적합한 타입이라고 생각한다. ··( )( )

110. 술자리에서 술을 마시지 않아도 흥을 돋울 수 있다. ··························( )( )

111. 한 번도 병원에 간 적이 없다. ···( )( )

112. 나쁜 일은 걱정이 되어서 어쩔 줄을 모른다. ·····················( )( )

113. 쉽게 무기력해지는 편이다. ·····················( )( )

114. 비교적 고분고분한 편이라고 생각한다. ·····················( )( )

115. 독자적으로 행동하는 편이다. ·····················( )( )

116. 적극적으로 행동하는 편이다. ·····················( )( )

117. 금방 감격하는 편이다. ·····················( )( )

118. 어떤 것에 대해서는 불만을 가진 적이 없다. ·····················( )( )

119. 밤에 못 잘 때가 많다. ·····················( )( )

120. 자주 후회하는 편이다. ·····················( )( )

121. 뜨거워지기 쉽고 식기 쉽다. ·····················( )( )

122. 자신만의 세계를 가지고 있다. ·····················( )( )

123. 많은 사람 앞에서도 긴장하는 일은 없다. ·····················( )( )

124. 말하는 것을 아주 좋아한다. ·····················( )( )

125. 인생을 포기하는 마음을 가진 적이 한 번도 없다. ·····················( )( )

126. 어두운 성격이다. ·····················( )( )

127. 금방 반성한다. ·····················( )( )

128. 활동범위가 넓은 편이다. ·····················( )( )

129. 자신을 끈기있는 사람이라고 생각한다. ·····················( )( )

130. 좋다고 생각하더라도 좀 더 검토하고 나서 실행한다. ·····················( )( )

131. 위대한 인물이 되고 싶다. ·····················( )( )

132. 한 번에 많은 일을 떠맡아도 힘들지 않다. ·····················( )( )

133. 사람과 만날 약속은 부담스럽다. ·····················( )( )

134. 질문을 받으면 충분히 생각하고 나서 대답하는 편이다. ·····················( )( )

135. 머리를 쓰는 것보다 땀을 흘리는 일이 좋다. ·····················( )( )

136. 결정한 것에는 철저히 구속받는다. ·····················( )( )

137. 외출 시 문을 잠그었는지 몇 번을 확인한다. ·····················( )( )

138. 이왕 할 거라면 일등이 되고 싶다. ·····················( )( )

139. 과감하게 도전하는 타입이다. ·····················( )( )

140. 자신은 사교적이 아니라고 생각한다. ·····················( )( )

141. 무심코 도리에 대해서 말하고 싶어진다. ……………………………(　)(　)

142. '항상 건강하네요'라는 말을 듣는다. …………………………………(　)(　)

143. 단념하면 끝이라고 생각한다. ……………………………………………(　)(　)

144. 예상하지 못한 일은 하고 싶지 않다. ………………………………(　)(　)

145. 파란만장하더라도 성공하는 인생을 걷고 싶다. ……………………(　)(　)

146. 활기찬 편이라고 생각한다. ………………………………………………(　)(　)

147. 소극적인 편이라고 생각한다. ……………………………………………(　)(　)

148. 무심코 평론가가 되어 버린다. …………………………………………(　)(　)

149. 자신은 성급하다고 생각한다. ……………………………………………(　)(　)

150. 꾸준히 노력하는 타입이라고 생각한다. ……………………………(　)(　)

151. 내일의 계획이라도 메모한다. ……………………………………………(　)(　)

152. 리더십이 있는 사람이 되고 싶다. ……………………………………(　)(　)

153. 열정적인 사람이라고 생각한다. …………………………………………(　)(　)

154. 다른 사람 앞에서 이야기를 잘 하지 못한다. ……………………(　)(　)

155. 통찰력이 있는 편이다. ……………………………………………………(　)(　)

156. 엉덩이가 가벼운 편이다. …………………………………………………(　)(　)

157. 여러 가지로 구애됨이 있다. ……………………………………………(　)(　)

158. 돌다리도 두들겨 보고 건너는 쪽이 좋다. …………………………(　)(　)

159. 자신에게는 권력욕이 있다. ………………………………………………(　)(　)

160. 업무를 할당받으면 기쁘다. ………………………………………………(　)(　)

161. 사색적인 사람이라고 생각한다. …………………………………………(　)(　)

162. 비교적 개혁적이다. …………………………………………………………(　)(　)

163. 좋고 싫음으로 정할 때가 많다. ………………………………………(　)(　)

164. 전통에 구애되는 것은 버리는 것이 적절하다. ……………………(　)(　)

165. 교제 범위가 좁은 편이다. ………………………………………………(　)(　)

166. 발상의 전환을 할 수 있는 타입이라고 생각한다. ………………(　)(　)

167. 너무 주관적이어서 실패한다. ……………………………………………(　)(　)

168. 현실적이고 실용적인 면을 추구한다. ………………………………(　)(　)

169. 내가 어떤 배우의 팬인지 아무도 모른다. …………………………(　)(　)

170. 현실보다 가능성이다. ···(　)(　)

171. 마음이 담겨 있으면 선물은 아무 것이나 좋다. ················(　)(　)

172. 여행은 마음대로 하는 것이 좋다. ·································(　)(　)

173. 추상적인 일에 관심이 있는 편이다. ······························(　)(　)

174. 일은 대담히 하는 편이다. ···(　)(　)

175. 괴로워하는 사람을 보면 우선 동정한다. ·······················(　)(　)

176. 가치기준은 자신의 안에 있다고 생각한다. ···················(　)(　)

177. 조용하고 조심스러운 편이다. ·······································(　)(　)

178. 상상력이 풍부한 편이라고 생각한다. ···························(　)(　)

179. 의리, 인정이 두터운 상사를 만나고 싶다. ···················(　)(　)

180. 인생의 앞날을 알 수 없어 재미있다. ····························(　)(　)

181. 밝은 성격이다. ···(　)(　)

182. 별로 반성하지 않는다. ···(　)(　)

183. 활동범위가 좁은 편이다. ···(　)(　)

184. 자신을 시원시원한 사람이라고 생각한다. ···················(　)(　)

185. 좋다고 생각하면 바로 행동한다. ·································(　)(　)

186. 좋은 사람이 되고 싶다. ···(　)(　)

187. 한 번에 많은 일을 떠맡는 것은 골칫거리라고 생각한다. ·····(　)(　)

188. 사람과 만날 약속은 즐겁다. ·······································(　)(　)

189. 질문을 받으면 그때의 느낌으로 대답하는 편이다. ·············(　)(　)

190. 땀을 흘리는 것보다 머리를 쓰는 일이 좋다. ·················(　)(　)

191. 결정한 것이라도 그다지 구속받지 않는다. ···················(　)(　)

192. 외출 시 문을 잠갔는지 별로 확인하지 않는다. ···············(　)(　)

193. 지위에 어울리면 된다. ···(　)(　)

194. 안전책을 고르는 타입이다. ···(　)(　)

195. 자신은 사교적이라고 생각한다. ···································(　)(　)

196. 도리는 상관없다. ···(　)(　)

197. 침착하다는 말을 듣는다. ···(　)(　)

198. 단념이 중요하다고 생각한다. ·······································(　)(　)

199. 예상하지 못한 일도 해보고 싶다. ··( )( )

200. 평범하고 평온하게 행복한 인생을 살고 싶다. ·······················( )( )

201. 몹시 귀찮아하는 편이라고 생각한다. ····································( )( )

202. 특별히 소극적이라고 생각하지 않는다. ·······························( )( )

203. 이것저것 평하는 것이 싫다. ···( )( )

204. 자신은 성급하지 않다고 생각한다. ·······································( )( )

205. 꾸준히 노력하는 것을 잘 하지 못한다. ·······························( )( )

206. 내일의 계획은 머릿속에 기억한다. ·······································( )( )

207. 협동성이 있는 사람이 되고 싶다. ···( )( )

208. 열정적인 사람이라고 생각하지 않는다. ·······························( )( )

209. 다른 사람 앞에서 이야기를 잘한다. ·····································( )( )

210. 행동력이 있는 편이다. ···( )( )

211. 엉덩이가 무거운 편이다. ···( )( )

212. 특별히 구애받는 것이 없다. ··( )( )

213. 돌다리는 두들겨 보지 않고 건너도 된다. ·····························( )( )

214. 자신에게는 권력욕이 없다. ···( )( )

215. 업무를 할당받으면 부담스럽다. ···( )( )

216. 활동적인 사람이라고 생각한다. ···( )( )

217. 비교적 보수적이다. ···( )( )

218. 손해인지 이익인지를 기준으로 결정할 때가 많다. ···············( )( )

219. 전통을 견실히 지키는 것이 적절하다. ·································( )( )

220. 교제 범위가 넓은 편이다. ··( )( )

221. 상식적인 판단을 할 수 있는 타입이라고 생각한다. ··············( )( )

222. 너무 객관적이어서 실패한다. ···( )( )

223. 보수적인 면을 추구한다. ···( )( )

224. 내가 누구의 팬인지 주변의 사람들이 안다. ·························( )( )

225. 가능성보다 현실이다. ···( )( )

226. 그 사람이 필요한 것을 선물하고 싶다. ·······························( )( )

227. 여행은 계획적으로 하는 것이 좋다. ·····································( )( )

228. 구체적인 일에 관심이 있는 편이다. ·····························( )( )

229. 일은 착실히 하는 편이다. ·······································( )( )

230. 괴로워하는 사람을 보면 우선 이유를 생각한다. ···············( )( )

231. 가치기준은 자신의 밖에 있다고 생각한다. ·····················( )( )

232. 밝고 개방적인 편이다. ···( )( )

233. 현실 인식을 잘하는 편이라고 생각한다. ·······················( )( )

234. 공평하고 공적인 상사를 만나고 싶다. ·························( )( )

235. 시시해도 계획적인 인생이 좋다. ·······························( )( )

236. 적극적으로 사람들과 관계를 맺는 편이다. ·····················( )( )

237. 활동적인 편이다. ···( )( )

238. 몸을 움직이는 것을 좋아하지 않는다. ·························( )( )

239. 쉽게 질리는 편이다. ···( )( )

240. 경솔한 편이라고 생각한다. ·····································( )( )

241. 인생의 목표는 손이 닿을 정도면 된다. ·······················( )( )

242. 무슨 일도 좀처럼 시작하지 못한다. ···························( )( )

243. 초면인 사람과도 바로 친해질 수 있다. ·······················( )( )

244. 행동하고 나서 생각하는 편이다. ·······························( )( )

245. 쉬는 날은 집에 있는 경우가 많다. ···························( )( )

246. 완성되기 전에 포기하는 경우가 많다. ·························( )( )

247. 계획 없는 여행을 좋아한다. ·····································( )( )

248. 욕심이 없는 편이라고 생각한다. ·······························( )( )

249. 활동력이 별로 없다. ···( )( )

250. 많은 사람들과 와자지껄하게 식사하는 것을 좋아한다. ·········( )( )

251. 이유 없이 불안할 때가 있다. ···································( )( )

252. 주위 사람의 의견을 생각해서 발언을 자제할 때가 있다. ·······( )( )

253. 자존심이 강한 편이다. ···( )( )

254. 생각 없이 함부로 말하는 경우가 많다. ·······················( )( )

255. 정리가 되지 않은 방에 있으면 불안하다. ·····················( )( )

256. 거짓말을 한 적이 한 번도 없다. ·······························( )( )

257. 슬픈 영화나 TV를 보면 자주 운다. ·······························( )( )

258. 자신을 충분히 신뢰할 수 있다고 생각한다. ···················( )( )

259. 노래방을 아주 좋아한다. ···( )( )

260. 자신만이 할 수 있는 일을 하고 싶다. ·························( )( )

261. 자신을 과소평가하는 경향이 있다. ·····························( )( )

262. 책상 위나 서랍 안은 항상 깔끔히 정리한다. ···············( )( )

263. 건성으로 일을 할 때가 자주 있다. ·····························( )( )

264. 남의 험담을 한 적이 없다. ·······································( )( )

265. 쉽게 화를 낸다는 말을 듣는다. ································( )( )

266. 초초하면 손을 떨고, 심장박동이 빨라진다. ···············( )( )

267. 토론하여 진 적이 한 번도 없다. ·······························( )( )

268. 덩달아 떠든다고 생각할 때가 자주 있다. ··················( )( )

269. 아첨에 넘어가기 쉬운 편이다. ··································( )( )

270. 주변 사람이 자기 험담을 하고 있다고 생각할 때가 있다. ·········( )( )

PART

IV

면접

01 면접의 기본

1 면접준비

(1) 면접의 기본 원칙

① **면접의 의미** … 면접이란 다양한 면접기법을 활용하여 지원한 직무에 필요한 능력을 지원자가 보유하고 있는지를 확인하는 절차라고 할 수 있다. 즉, 지원자의 입장에서는 채용 직무 수행에 필요한 요건들과 관련하여 자신의 환경, 경험, 관심사, 성취 등에 대해 기업에 직접 어필할 수 있는 기회를 제공받는 것이며, 기업의 입장에서는 서류전형만으로 알 수 없는 지원자에 대한 정보를 직접적으로 수집하고 평가하는 것이다.

② **면접의 특징** … 면접은 기업의 입장에서 서류전형이나 필기전형에서 드러나지 않는 지원자의 능력이나 성향을 볼 수 있는 기회로, 면대면으로 이루어지며 즉흥적인 질문들이 포함될 수 있기 때문에 지원자가 완벽하게 준비하기 어려운 부분이 있다. 하지만 지원자 입장에서도 서류전형이나 필기전형에서 모두 보여주지 못한 자신의 능력 등을 기업의 인사담당자에게 어필할 수 있는 추가적인 기회가 될 수도 있다.

[서류 · 필기전형과 차별화되는 면접의 특징]

- 직무수행과 관련된 다양한 지원자 행동에 대한 관찰이 가능하다.
- 면접관이 알고자 하는 정보를 심층적으로 파악할 수 있다.
- 서류상의 미비한 사항과 의심스러운 부분을 확인할 수 있다.
- 커뮤니케이션 능력, 대인관계 능력 등 행동 · 언어적 정보도 얻을 수 있다.

③ **면접의 유형**

  ㉠ **구조화 면접** : 구조화 면접은 사전에 계획을 세워 질문의 내용과 방법, 지원자의 답변 유형에 따른 추가 질문과 그에 대한 평가 역량이 정해져 있는 면접 방식으로 표준화 면접이라고도 한다.

  - 표준화된 질문이나 평가요소가 면접 전 확정되며, 지원자는 편성된 조나 면접관에 영향을 받지 않고 동일한 질문과 시간을 부여받을 수 있다.

- 조직 또는 직무별로 주요하게 도출된 역량을 기반으로 평가요소가 구성되어, 조직 또는 직무에서 필요한 역량을 가진 지원자를 선발할 수 있다.
- 표준화된 형식을 사용하는 특성 때문에 비구조화 면접에 비해 신뢰성과 타당성, 객관성이 높다.

ⓛ **비구조화 면접**: 비구조화 면접은 면접 계획을 세울 때 면접 목적만을 명시하고 내용이나 방법은 면접관에게 전적으로 일임하는 방식으로 비표준화 면접이라고도 한다.
- 표준화된 질문이나 평가요소 없이 면접이 진행되며, 편성된 조나 면접관에 따라 지원자에게 주어지는 질문이나 시간이 다르다.
- 면접관의 주관적인 판단에 따라 평가가 이루어져 평가 오류가 빈번히 일어난다.
- 상황 대처나 언변이 뛰어난 지원자에게 유리한 면접이 될 수 있다.

④ **경쟁력 있는 면접 요령**

　㉠ **면접 전에 준비하고 유념할 사항**
- 예상 질문과 답변을 미리 작성한다.
- 작성한 내용을 문장으로 외우지 않고 키워드로 기억한다.
- 지원한 회사의 최근 기사를 검색하여 기억한다.
- 지원한 회사가 속한 산업군의 최근 기사를 검색하여 기억한다.
- 면접 전 1주일간 이슈가 되는 뉴스를 기억하고 자신의 생각을 반영하여 정리한다.
- 찬반토론에 대비한 주제를 목록으로 정리하여 자신의 논리를 내세운 예상답변을 작성한다.

　㉡ **면접장에서 유념할 사항**
- 질문의 의도 파악 : 답변을 할 때에는 질문 의도를 파악하고 그에 충실한 답변이 될 수 있도록 질문사항을 유념해야 한다. 많은 지원자가 하는 실수 중 하나로 답변을 하는 도중 자기 말에 심취되어 질문의 의도와 다른 답변을 하거나 자신이 알고 있는 지식만을 나열하는 경우가 있는데, 이럴 경우 의사소통능력이 부족한 사람으로 인식될 수 있으므로 주의하도록 한다.
- 답변은 두괄식 : 답변을 할 때에는 두괄식으로 결론을 먼저 말하고 그 이유를 설명하는 것이 좋다. 미괄식으로 답변을 할 경우 용두사미의 답변이 될 가능성이 높으며, 결론을 이끌어 내는 과정에서 논리성이 결여될 우려가 있다. 또한 면접관이 결론을 듣기 전에 말을 끊고 다른 질문을 추가하는 예상치 못한 상황이 발생될 수 있으므로 답변은 자신이 전달하고자 하는 바를 먼저 밝히고 그에 대한 설명을 하는 것이 좋다.

- 지원한 회사의 기업정신과 인재상을 기억 : 답변을 할 때에는 회사가 원하는 인재라는 인상을 심어주기 위해 지원한 회사의 기업정신과 인재상 등을 염두에 두고 답변을 하는 것이 좋다. 모든 회사에 해당되는 두루뭉술한 답변보다는 지원한 회사에 맞는 맞춤형 답변을 하는 것이 좋다.
- 나보다는 회사와 사회적 관점에서 답변 : 답변을 할 때에는 자기중심적인 관점을 피하고 좀 더 넓은 시각으로 회사와 국가, 사회적 입장까지 고려하는 인재임을 어필하는 것이 좋다. 자기중심적 시각을 바탕으로 자신의 출세만을 위해 회사에 입사하려는 인상을 심어줄 경우 면접에서 불이익을 받을 가능성이 높다.
- 난처한 질문은 정직한 답변 : 난처한 질문에 답변을 해야 할 때에는 피하기보다는 정면돌파로 정직하고 솔직하게 답변하는 것이 좋다. 난처한 부분을 감추고 드러내지 않으려 회피하려는 지원자의 모습은 인사담당자에게 입사 후에도 비슷한 상황에 처했을 때 회피할 수도 있다는 우려를 심어줄 수 있다. 따라서 직장생활에 있어 중요한 덕목 중 하나인 정직을 바탕으로 솔직하게 답변을 하도록 한다.

(2) 면접의 종류 및 준비 전략

① 인성면접

㉠ 면접 방식 및 판단기준
- 면접 방식 : 인성면접은 면접관이 가지고 있는 개인적 면접 노하우나 관심사에 의해 질문을 실시한다. 주로 입사지원서나 자기소개서의 내용을 토대로 지원동기, 과거의 경험, 미래 포부 등을 이야기하도록 하는 방식이다.
- 판단기준 : 면접관의 개인적 가치관과 경험, 해당 역량의 수준, 경험의 구체성·진실성 등

㉡ 특징 : 인성면접은 그 방식으로 인해 역량과 무관한 질문들이 많고 지원자에게 주어지는 면접질문, 시간 등이 다를 수 있다. 또한 입사지원서나 자기소개서의 내용을 토대로 하기 때문에 지원자별 질문이 달라질 수 있다.

ⓒ 예시 문항 및 준비전략

• 예시 문항

> • 3분 동안 자기소개를 해 보십시오.
> • 자신의 장점과 단점을 말해 보십시오.
> • 학점이 좋지 않은데 그 이유가 무엇입니까?
> • 최근에 인상 깊게 읽은 책은 무엇입니까?
> • 회사를 선택할 때 중요시하는 것은 무엇입니까?
> • 일과 개인생활 중 어느 쪽을 중시합니까?
> • 10년 후 자신은 어떤 모습일 것이라고 생각합니까?
> • 휴학 기간 동안에는 무엇을 했습니까?

• 준비전략 : 인성면접은 입사지원서나 자기소개서의 내용을 바탕으로 하는 경우가 많으므로 자신이 작성한 입사지원서와 자기소개서의 내용을 충분히 숙지하도록 한다. 또한 최근 사회적으로 이슈가 되고 있는 뉴스에 대한 견해를 묻거나 시사상식 등에 대한 질문을 받을 수 있으므로 이에 대한 대비도 필요하다. 자칫 부담스러워 보이지 않는 질문으로 가볍게 대답하지 않도록 주의하고 모든 질문에 입사 의지를 담아 성실하게 답변하는 것이 중요하다.

② 발표면접

㉠ 면접 방식 및 판단기준

• 면접 방식 : 지원자가 특정 주제와 관련된 자료를 검토하고 그에 대한 자신의 생각을 면접관 앞에서 주어진 시간 동안 발표하고 추가 질의를 받는 방식으로 진행된다.

• 판단기준 : 지원자의 사고력, 논리력, 문제해결력 등

㉡ 특징 : 발표면접은 지원자에게 과제를 부여한 후, 과제를 수행하는 과정과 결과를 관찰·평가한다. 따라서 과제수행 결과뿐 아니라 수행과정에서의 행동을 모두 평가할 수 있다.

ⓒ 예시 문항 및 준비전략

• 예시 문항

[신입사원 조기 이직 문제]

※ 지원자는 아래에 제시된 자료를 검토한 뒤, 신입사원 조기 이직의 원인을 크게 3가지로 정리하고 이에 대한 구체적인 개선안을 도출하여 발표해 주시기 바랍니다.

※ 본 과제에 정해진 정답은 없으나 논리적 근거를 들어 개선안을 작성해 주십시오.

- A기업은 동종업계 유사기업들과 비교해 볼 때, 비교적 높은 재무안정성을 유지하고 있으며 업무강도가 그리 높지 않은 것으로 외부에 알려져 있음.
- 최근 조사결과, 동종업계 유사기업들과 연봉을 비교해 보았을 때 연봉 수준도 그리 나쁘지 않은 편이라는 것이 확인되었음.
- 그러나 지난 3년간 1~2년차 직원들의 이직률이 계속해서 증가하고 있는 추세이며, 경영진 회의에서 최우선 해결과제 중 하나로 거론되었음.
- 이에 따라 인사팀에서 현재 1~2년차 사원들을 대상으로 개선되어야 하는 A기업의 조직문화에 대한 설문조사를 실시한 결과, '상명하복식의 의사소통'이 36.7%로 1위를 차지했음.
- 이러한 설문조사와 함께, 신입사원 조기 이직에 대한 원인을 분석한 결과 파랑새 증후군, 셀프홀릭 증후군, 피터팬 증후군 등 3가지로 분류할 수 있었음.

〈동종업계 유사기업들과의 연봉 비교〉　　〈우리 회사 조직문화 중 개선되었으면 하는 것〉

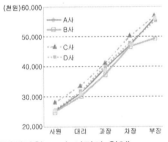
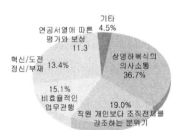

〈신입사원 조기 이직의 원인〉

• 파랑새 증후군
- 현재의 직장보다 더 좋은 직장이 있을 것이라는 막연한 기대감으로 끊임없이 새로운 직장을 탐색함.
- 학력 수준과 맞지 않는 '하향지원', 전공과 적성을 고려하지 않고 일단 취업하고 보자는 '묻지마 지원'이 파랑새 증후군을 초래함.

• 셀프홀릭 증후군
- 본인의 역량에 비해 가치가 낮은 일을 주로 하면서 갈등을 느낌.

• 피터팬 증후군
- 기성세대의 문화를 무조건 수용하기보다는 자유로움과 변화를 추구함.
- 상명하복, 엄격한 규율 등 기성세대가 당연시하는 관행에 거부감을 가지며 직장에 답답함을 느낌.

- 준비전략 : 발표면접의 시작은 과제 안내문과 과제 상황, 과제 자료 등을 정확하게 이해하는 것에서 출발한다. 과제 안내문을 침착하게 읽고 제시된 주제 및 문제와 관련된 상황의 맥락을 파악한 후 과제를 검토한다. 제시된 기사나 그래프 등을 충분히 활용하여 주어진 문제를 해결할 수 있는 해결책이나 대안을 제시하며, 발표를 할 때에는 명확하고 자신 있는 태도로 전달할 수 있도록 한다.

③ 토론면접
  ㉠ 면접 방식 및 판단기준
    - 면접 방식 : 상호갈등적 요소를 가진 과제 또는 공통의 과제를 해결하는 내용의 토론 과제를 제시하고, 그 과정에서 개인 간의 상호작용 행동을 관찰하는 방식으로 면접이 진행된다.
    - 판단기준 : 팀워크, 적극성, 갈등 조정, 의사소통능력, 문제해결능력 등
  ㉡ 특징 : 토론을 통해 도출해 낸 최종안의 타당성도 중요하지만, 결론을 도출해 내는 과정에서의 의사소통능력이나 갈등상황에서 의견을 조정하는 능력 등이 중요하게 평가되는 특징이 있다.
  ㉢ 예시 문항 및 준비전략
    - 예시 문항

      - 군 가산점제 부활에 대한 찬반토론
      - 담뱃값 인상에 대한 찬반토론
      - 비정규직 철폐에 대한 찬반토론
      - 대학의 영어 강의 확대 찬반토론
      - 워크숍 장소 선정을 위한 토론

    - 준비전략 : 토론면접은 무엇보다 팀워크와 적극성이 강조된다. 따라서 토론과정에 적극적으로 참여하며 자신의 의사를 분명하게 전달하며, 갈등상황에서 자신의 의견만 내세울 것이 아니라 다른 지원자의 의견을 경청하고 배려하는 모습도 중요하다. 갈등상황을 일목요연하게 정리하여 조정하는 등의 의사소통능력을 발휘하는 것도 좋은 전략이 될 수 있다.

④ 상황면접
  ㉠ 면접 방식 및 판단기준
    - 면접 방식 : 상황면접은 직무 수행 시 접할 수 있는 상황들을 제시하고, 그러한 상황에서 어떻게 행동할 것인지를 이야기하는 방식으로 진행된다.
    - 판단기준 : 해당 상황에 적절한 역량의 구현과 구체적 행동지표

ⓛ 특징 : 실제 직무 수행 시 접할 수 있는 상황들을 제시하므로 입사 이후 지원자의 업무 수행능력을 평가하는 데 적절한 면접 방식이다. 또한 지원자의 가치관, 태도, 사고방식 등의 요소를 통합적으로 평가하는 데 용이하다.

ⓒ 예시 문항 및 준비전략

• 예시 문항

> 당신은 생산관리팀의 팀원으로, 생산팀이 기한에 맞춰 효율적으로 제품을 생산할 수 있도록 관리하는 역할을 맡고 있습니다. 3개월 뒤에 제품A를 정상적으로 출시하기 위해 생산팀의 생산 계획을 수립한 상황입니다. 그러나 원가가 곧 실적으로 이어지는 구매팀에서는 최대한 원가를 줄여 전반적 단가를 낮추려고 원가절감을 위한 제안을 하였으나, 연구개발팀에서는 구매팀이 제안한 방식으로 제품을 생산할 경우 대부분이 구매팀의 실적으로 산정될 것이므로 제대로 확인도 해보지 않은 채 적합하지 않은 방식이라고 판단하고 있습니다. 당신은 어떻게 하겠습니까?

• 준비전략 : 상황면접은 먼저 주어진 상황에서 핵심이 되는 문제가 무엇인지를 파악하는 것에서 시작한다. 주질문과 세부질문을 통하여 질문의 의도를 파악하였다면, 그에 대한 구체적인 행동이나 생각 등에 대해 응답할수록 높은 점수를 얻을 수 있다.

⑤ 역할면접

㉠ 면접 방식 및 판단기준

• 면접 방식 : 역할면접 또는 역할연기 면접은 기업 내 발생 가능한 상황에서 부딪히게 되는 문제와 역할을 가상적으로 설정하여 특정 역할을 맡은 사람과 상호작용하고 문제를 해결해 나가도록 하는 방식으로 진행된다. 역할연기 면접에서는 면접관이 직접 역할연기를 하면서 지원자를 관찰하기도 하지만, 역할연기 수행만 전문적으로 하는 사람을 투입할 수도 있다.

• 판단기준 : 대처능력, 대인관계능력, 의사소통능력 등

ⓛ 특징 : 역할면접은 실제 상황과 유사한 가상 상황에서의 행동을 관찰함으로서 지원자의 성격이나 대처 행동 등을 관찰할 수 있다.

ⓒ 예시 문항 및 준비전략

• 예시 문항

> [금융권 역할면접의 예]
> 당신은 ○○은행의 신입 텔러이다. 사람이 많은 월말 오전 한 할아버지(면접관 또는 역할담당자)께서 ○○은행을 사칭한 보이스피싱으로 500만 원을 피해 보았다며 소란을 일으키고 있다. 실제 업무상황이라고 생각하고 상황에 대처해 보시오.

- 준비전략 : 역할연기 면접에서 측정하는 역량은 주로 갈등의 원인이 되는 문제를 해결하고 제시된 해결방안을 상대방에게 설득하는 것이다. 따라서 갈등해결, 문제해결, 조정·통합, 설득력과 같은 역량이 중요시된다. 또한 갈등을 해결하기 위해서 상대방에 대한 이해도 필수적인 요소이므로 고객 지향을 염두에 두고 상황에 맞게 대처해야 한다. 역할면접에서는 변별력을 높이기 위해 면접관이 압박적인 분위기를 조성하는 경우가 많기 때문에 스트레스 상황에서 불안해하지 않고 유연하게 대처할 수 있도록 시간과 노력을 들여 충분히 연습하는 것이 좋다.

2 면접 이미지 메이킹

(1) 성공적인 이미지 메이킹 포인트

① 복장 및 스타일

㉠ 남성

- 양복 : 양복은 단색으로 하며 넥타이나 셔츠로 포인트를 주는 것이 효과적이다. 짙은 회색이나 감청색이 가장 단정하고 품위 있는 인상을 준다.
- 셔츠 : 흰색이 가장 선호되나 자신의 피부색에 맞추는 것이 좋다. 푸른색이나 베이지색은 산뜻한 느낌을 줄 수 있다. 양복과의 배색도 고려하도록 한다.
- 넥타이 : 의상에 포인트를 줄 수 있는 아이템이지만 너무 화려한 것은 피한다. 지원자의 피부색은 물론, 정장과 셔츠의 색을 고려하며, 체격에 따라 넥타이 폭을 조절하는 것이 좋다.
- 구두 & 양말 : 구두는 검정색이나 짙은 갈색이 어느 양복에나 무난하게 어울리며 깔끔하게 닦아 준비한다. 양말은 정장과 동일한 색상이나 검정색을 착용한다.
- 헤어스타일 : 머리스타일은 단정한 느낌을 주는 짧은 헤어스타일이 좋으며 앞머리가 있다면 이마나 눈썹을 가리지 않는 선에서 정리하는 것이 좋다.

ⓛ 여성

- 의상 : 단정한 스커트 투피스 정장이나 슬랙스 슈트가 무난하다. 블랙이나 그레이, 네이비, 브라운 등 차분해 보이는 색상을 선택하는 것이 좋다.
- 소품 : 구두, 핸드백 등은 같은 계열로 코디하는 것이 좋으며 구두는 너무 화려한 디자인이나 굽이 높은 것을 피한다. 스타킹은 의상과 구두에 맞춰 단정한 것으로 선택한다.
- 액세서리 : 액세서리는 너무 크거나 화려한 것은 좋지 않으며 과하게 많이 하는 것도 좋은 인상을 주지 못한다. 착용하지 않거나 작고 깔끔한 디자인으로 포인트를 주는 정도가 적당하다.
- 메이크업 : 화장은 자연스럽고 밝은 이미지를 표현하는 것이 좋으며 진한 색조는 인상이 강해 보일 수 있으므로 피한다.
- 헤어스타일 : 커트나 단발처럼 짧은 머리는 활동적이면서도 단정한 이미지를 줄 수 있도록 정리한다. 긴 머리의 경우 하나로 묶거나 단정한 머리망으로 정리하는 것이 좋으며, 짙은 염색이나 화려한 웨이브는 피한다.

② 인사

ⓙ 인사의 의미 : 인사는 예의범절의 기본이며 상대방의 마음을 여는 기본적인 행동이라고 할 수 있다. 인사는 처음 만나는 면접관에게 호감을 살 수 있는 가장 쉬운 방법이 될 수 있기도 하지만 제대로 예의를 지키지 않으면 지원자의 인성 전반에 대한 평가로 이어질 수 있으므로 각별히 주의해야 한다.

ⓛ 인사의 핵심 포인트

- 인사말 : 인사말을 할 때에는 밝고 친근감 있는 목소리로 하며, 자신의 이름과 수험번호 등을 간략하게 소개한다.
- 시선 : 인사는 상대방의 눈을 보며 하는 것이 중요하며 너무 빤히 쳐다본다는 느낌이 들지 않도록 주의한다.
- 표정 : 인사는 마음에서 우러나오는 존경이나 반가움을 표현하고 예의를 차리는 것이므로 살짝 미소를 지으며 하는 것이 좋다.
- 자세 : 인사를 할 때에는 가볍게 목만 숙인다거나 흐트러진 상태에서 인사를 하지 않도록 주의하며 절도 있고 확실하게 하는 것이 좋다.

③ 시선처리와 표정, 목소리

　㉠ 시선처리와 표정 : 표정은 면접에서 지원자의 첫인상을 결정하는 중요한 요소이다. 얼굴 표정은 사람의 감정을 가장 잘 표현할 수 있는 의사소통 도구로 표정 하나로 상대방에게 호감을 주거나, 비호감을 사기도 한다. 호감이 가는 인상의 특징은 부드러운 눈썹, 자연스러운 미간, 적당히 볼록한 광대, 올라간 입 꼬리 등으로 가볍게 미소를 지을 때의 표정과 일치한다. 따라서 면접 중에는 밝은 표정으로 미소를 지어 호감을 형성할 수 있도록 한다. 시선은 면접관과 고르게 맞추되 생기 있는 눈빛을 띄도록 하며, 너무 빤히 쳐다본다는 인상을 주지 않도록 한다.

　㉡ 목소리 : 면접은 주로 면접관과 지원자의 대화로 이루어지므로 목소리가 미치는 영향이 상당하다. 답변을 할 때에는 부드러우면서도 활기차고 생동감 있는 목소리로 하는 것이 면접관에게 호감을 줄 수 있으며 적당한 제스처가 더해진다면 상승효과를 얻을 수 있다. 그러나 적절한 답변을 하였음에도 불구하고 콧소리나 날카로운 목소리, 자신감 없는 작은 목소리는 답변의 신뢰성을 떨어뜨릴 수 있으므로 주의하도록 한다.

④ 자세

　㉠ 걷는 자세
　　• 면접장에 입실할 때에는 상체를 곧게 유지하고 발끝은 평행이 되게 하며 무릎을 스치듯 11자로 걷는다.
　　• 시선은 정면을 향하고 턱은 가볍게 당기며 어깨나 엉덩이가 흔들리지 않도록 주의한다.
　　• 발바닥 전체가 닿는 느낌으로 안정감 있게 걸으며 발소리가 나지 않도록 주의한다.
　　• 보폭은 어깨넓이만큼이 적당하지만, 스커트를 착용했을 경우 보폭을 줄인다.
　　• 걸을 때도 미소를 유지한다.

　㉡ 서있는 자세
　　• 몸 전체를 곧게 펴고 가슴을 자연스럽게 내민 후 등과 어깨에 힘을 주지 않는다.
　　• 정면을 바라본 상태에서 턱을 약간 당기고 아랫배에 힘을 주어 당기며 바르게 선다.
　　• 양 무릎과 발뒤꿈치는 붙이고 발끝은 11자 또는 V형을 취한다.
　　• 남성의 경우 팔을 자연스럽게 내리고 양손을 가볍게 쥐어 바지 옆선에 붙이고, 여성의 경우 공수자세를 유지한다.

ⓒ 앉은 자세

• 남성

> • 의자 깊숙이 앉고 등받이와 등 사이에 주먹 1개 정도의 간격을 두며 기대듯 앉지 않도록 주의한다. (남녀 공통 사항)
> • 무릎 사이에 주먹 2개 정도의 간격을 유지하고 발끝은 11자를 취한다.
> • 시선은 정면을 바라보며 턱은 가볍게 당기고 미소를 짓는다. (남녀 공통 사항)
> • 양손은 가볍게 주먹을 쥐고 무릎 위에 올려놓는다.
> • 앉고 일어날 때에는 자세가 흐트러지지 않도록 주의한다. (남녀 공통 사항)

• 여성

> • 스커트를 입었을 경우 왼손으로 뒤쪽 스커트 자락을 누르고 오른손으로 앞쪽 자락을 누르며 의자에 앉는다.
> • 무릎은 붙이고 발끝을 가지런히 하며, 양손을 모아 무릎 위에 놓는다.

(2) 면접 예절

① 행동 관련 예절

ⓐ **지각은 절대금물** : 시간을 지키는 것은 예절의 기본이다. 지각을 할 경우 면접에 응시할 수 없거나, 면접 기회가 주어지더라도 불이익을 받을 가능성이 높아진다. 따라서 면접 장소가 결정되면 교통편과 소요시간을 확인하고 가능하다면 사전에 미리 방문해 보는 것도 좋다. 면접 당일에는 서둘러 출발하여 면접 시간 20~30분 전에 도착하여 회사를 둘러보고 환경에 익숙해지는 것도 성공적인 면접을 위한 요령이 될 수 있다.

ⓑ **면접 대기 시간** : 지원자들은 대부분 면접장에서의 행동과 답변 등으로만 평가를 받는다고 생각하지만 그렇지 않다. 면접관이 아닌 면접진행자 역시 대부분 인사실무자이며 면접관이 면접 후 지원자에 대한 평가에 있어 확신을 위해 면접진행자의 의견을 구한다면 면접진행자의 의견이 당락에 영향을 줄 수 있다. 따라서 면접 대기 시간에도 행동과 말을 조심해야 하며, 면접을 마치고 돌아가는 순간까지도 긴장을 늦춰서는 안 된다. 면접 중 압박적인 질문에 답변을 잘 했지만, 면접장을 나와 흐트러진 모습을 보이거나 욕설을 한다면 면접 탈락의 요인이 될 수 있으므로 주의해야 한다.

ⓒ **입실 후 태도** : 본인의 차례가 되어 호명되면 또렷하게 대답하고 들어간다. 만약 면접장 문이 닫혀 있다면 상대에게 소리가 들릴 수 있을 정도로 노크를 두세 번 한 후 대답을 듣고 나서 들어가야 한다. 문을 여닫을 때에는 소리가 나지 않게 조용히 하며 공손한 자세로 인사한 후 성명과 수험번호를 말하고 면접관의 지시에 따라 자리에 앉는다. 이 경우 착석하라는 말이 없는데 먼저 의자에 앉으면 무례한 사람으로 보일 수 있으므로 주의한다. 의자에 앉을 때에는 끝에 앉지 말고 무릎 위에 양손을 가지런히 얹는 것이 예절이라고 할 수 있다.

ⓔ **옷매무새를 자주 고치지 마라.** : 일부 지원자의 경우 옷매무새 또는 헤어스타일을 자주 고치거나 확인하기도 하는데 이러한 모습은 과도하게 긴장한 것 같아 보이거나 면접에 집중하지 못하는 것으로 보일 수 있다. 남성 지원자의 경우 넥타이를 자꾸 고쳐 맨다거나 정장 상의 끝을 너무 자주 만지작거리지 않는다. 여성 지원자는 머리를 계속 쓸어 올리지 않고, 특히 짧은 치마를 입고서 신경이 쓰여 치마를 끌어 내리는 행동은 좋지 않다.

ⓜ **다리를 떨거나 산만한 시선은 면접 탈락의 지름길** : 자신도 모르게 다리를 떨거나 손가락을 만지는 등의 행동을 하는 지원자가 있는데, 이는 면접관의 주의를 끌 뿐만 아니라 불안하고 산만한 사람이라는 느낌을 주게 된다. 따라서 가능한 한 바른 자세로 앉아 있는 것이 좋다. 또한 면접관과 시선을 맞추지 못하고 여기저기 둘러보는 듯한 산만한 시선은 지원자가 거짓말을 하고 있다고 여겨지거나 신뢰할 수 없는 사람이라고 생각될 수 있다.

② **답변 관련 예절**

ⓐ **면접관이나 다른 지원자와 가치 논쟁을 하지 않는다.** : 질문을 받고 답변하는 과정에서 면접관 또는 다른 지원자의 의견과 다른 의견이 있을 수 있다. 특히 평소 지원자가 관심이 많은 문제이거나 잘 알고 있는 문제인 경우 자신과 다른 의견에 대해 이의가 있을 수 있다. 하지만 주의할 것은 면접에서 면접관이나 다른 지원자와 가치 논쟁을 할 필요는 없다는 것이며 오히려 불이익을 당할 수도 있다. 정답이 정해져 있지 않은 경우에는 가치관이나 성장배경에 따라 문제를 받아들이는 태도에서 답변까지 충분히 차이가 있을 수 있으므로 군이 면접관이나 다른 지원자의 가치관을 지적하고 고치려 드는 것은 좋지 않다.

ⓛ **답변은 항상 정직해야 한다.** : 면접이라는 것이 아무리 지원자의 장점을 부각시키고 단점을 축소시키는 것이라고 해도 절대로 거짓말을 해서는 안 된다. 거짓말을 하게 되면 지원자는 불안하거나 꺼림칙한 마음이 들게 되어 면접에 집중을 하지 못하게 되고 수많은 지원자를 상대하는 면접관은 그것을 놓치지 않는다. 거짓말은 그 지원자에 대한 신뢰성을 떨어뜨리며 이로 인해 다른 스펙이 아무리 훌륭하다고 해도 채용에서 탈락하게 될 수 있음을 명심하도록 한다.

ⓒ **경력직을 경우 전 직장에 대해 험담하지 않는다.** : 지원자가 전 직장에서 무슨 업무를 담당했고 어떤 성과를 올렸는지는 면접관이 관심을 둘 사항일 수 있지만, 이전 직장의 기업문화나 상사들이 어땠는지는 그다지 궁금해 하는 사항이 아니다. 전 직장에 대해 험담을 늘어놓는다든가, 동료와 상사에 대한 악담을 하게 된다면 오히려 지원자에 대한 부정적인 이미지만 심어줄 수 있다. 만약 전 직장에 대한 말을 해야 할 경우가 생긴다면 가능한 한 객관적으로 이야기하는 것이 좋다.

ⓔ **자기 자신이나 배경에 대해 자랑하지 않는다.** : 자신의 성취나 부모 형제 등 집안사람들이 사회·경제적으로 어떠한 위치에 있는지에 대한 자랑은 면접관으로 하여금 지원자에 대해 오만한 사람이거나 배경에 의존하려는 나약한 사람이라는 이미지를 갖게 할 수 있다. 따라서 자기 자신이나 배경에 대해 자랑하지 않도록 하고, 자신이 한 일에 대해서 너무 자세하게 얘기하지 않도록 주의해야 한다.

---

3 면접 질문 및 답변 포인트

(1) 가족 및 대인관계에 관한 질문

① 당신의 가정은 어떤 가정입니까?

면접관들은 지원자의 가정환경과 성장과정을 통해 지원자의 성향을 알고 싶어 이와 같은 질문을 한다. 비록 가정 일과 사회의 일이 완전히 일치하는 것은 아니지만 '가화만사성'이라는 말이 있듯이 가정이 화목해야 사회에서도 화목하게 지낼 수 있기 때문이다. 그러므로 답변 시에는 가족사항을 정확하게 설명하고 집안의 분위기와 특징에 대해 이야기하는 것이 좋다.

② 친구 관계에 대해 말해 보십시오.

지원자의 인간성을 판단하는 질문으로 교우관계를 통해 답변자의 성격과 대인관계능력을 파악할 수 있다. 새로운 환경에 적응을 잘하여 새로운 친구들이 많은 것도 좋지만, 깊고 오래 지속되어온 인간관계를 말하는 것이 더욱 바람직하다.

(2) 성격 및 가치관에 관한 질문

① 당신의 PR포인트를 말해 주십시오.

PR포인트를 말할 때에는 지나치게 겸손한 태도는 좋지 않으며 적극적으로 자기를 주장하는 것이 좋다. 앞으로 입사 후 하게 될 업무와 관련된 자기의 특성을 구체적인 일화를 더하여 이야기하도록 한다.

② 당신의 장·단점을 말해 보십시오.

지원자의 구체적인 장·단점을 알고자 하기 보다는 지원자가 자기 자신에 대해 얼마나 알고 있으며 어느 정도의 객관적인 분석을 하고 있나, 그리고 개선의 노력 등을 시도하는지를 파악하고자 하는 것이다. 따라서 장점을 말할 때는 업무와 관련된 장점을 뒷받침할 수 있는 근거와 함께 제시하며, 단점을 이야기할 때에는 극복을 위한 노력을 반드시 포함해야 한다.

③ 가장 존경하는 사람은 누구입니까?

존경하는 사람을 말하기 위해서는 우선 그 인물에 대해 알아야 한다. 잘 모르는 인물에 대해 존경한다고 말하는 것은 면접관에게 바로 지적당할 수 있으므로, 추상적이라도 좋으니 평소에 존경스럽다고 생각했던 사람에 대해 그 사람의 어떤 점이 좋고 존경스러운지 대답하도록 한다. 또한 자신에게 어떤 영향을 미쳤는지도 언급하면 좋다.

(3) 학교생활에 관한 질문

① 지금까지의 학교생활 중 가장 기억에 남는 일은 무엇입니까?

가급적 직장생활에 도움이 되는 경험을 이야기하는 것이 좋다. 또한 경험만을 간단하게 말하지 말고 그 경험을 통해서 얻을 수 있었던 교훈 등을 예시와 함께 이야기하는 것이 좋으나 너무 상투적인 답변이 되지 않도록 주의해야 한다.

② 성적은 좋은 편이었습니까?

면접관은 이미 서류심사를 통해 지원자의 성적을 알고 있다. 그럼에도 불구하고 이 질문을 하는 것은 지원자가 성적에 대해서 어떻게 인식하느냐를 알고자 하는 것이다. 성적이 나빴던 이유에 대해서 변명하려 하지 말고 담백하게 받아드리고 그것에 대한 개선노력을 했음을 밝히는 것이 적절하다.

③ 학창시절에 시위나 집회 등에 참여한 경험이 있습니까?

기업에서는 노사분규를 기업의 사활이 걸린 중대한 문제로 인식하고 거시적인 차원에서 접근한다. 이러한 기업문화를 제대로 인식하지 못하여 학창시절의 시위나 집회 참여 경험을 자랑스럽게 답변할 경우 감점요인이 되거나 심지어는 탈락할 수 있다는 사실에 주의한다. 시위나 집회에 참가한 경험을 말할 때에는 타당성과 정도에 유의하여 답변해야 한다.

(4) 지원동기 및 직업의식에 관한 질문

① 왜 우리 회사를 지원했습니까?

이 질문은 어느 회사나 가장 먼저 물어보고 싶은 것으로 지원자들은 기업의 이념, 대표의 경영능력, 재무구조, 복리후생 등 외적인 부분을 설명하는 경우가 많다. 이러한 답변도 적절하지만 지원 회사의 주력 상품에 관한 소비자의 인지도, 경쟁사 제품과의 시장점유율을 비교하면서 입사동기를 설명한다면 상당히 주목 받을 수 있을 것이다.

② 만약 이번 채용에 불합격하면 어떻게 하겠습니까?

불합격할 것을 가정하고 회사에 응시하는 지원자는 거의 없을 것이다. 이는 지원자를 궁지로 몰아넣고 어떻게 대응하는지를 살펴보며 입사 의지를 알아보려고 하는 것이다. 이 질문은 너무 깊이 들어가지 말고 침착하게 답변하는 것이 좋다.

③ 당신이 생각하는 바람직한 사원상은 무엇입니까?

직장인으로서 또는 조직의 일원으로서의 자세를 묻는 질문으로 지원하는 회사에서 어떤 인재상을 요구하는 가를 알아두는 것이 좋으며, 평소에 자신의 생각을 미리 정리해 두어 당황하지 않도록 한다.

④ 직무상의 적성과 보수의 많음 중 어느 것을 택하겠습니까?

이런 질문에서 회사 측에서 원하는 답변은 당연히 직무상의 적성에 비중을 둔다는 것이다. 그러나 적성만을 너무 강조하다 보면 오히려 솔직하지 못하다는 인상을 줄 수 있으므로 어느 한 쪽을 너무 강조하거나 경시하는 태도는 바람직하지 못하다.

⑤ 상사와 의견이 다를 때 어떻게 하겠습니까?

과거와 다르게 최근에는 상사의 명령에 무조건 따르겠다는 수동적인 자세는 바람직하지 않다. 회사에서는 때에 따라 자신이 판단하고 행동할 수 있는 직원을 원하기 때문이다. 그러나 지나치게 자신의 의견만을 고집한다면 이는 팀원 간의 불화를 야기할 수 있으며 팀 체제에 악영향을 미칠 수 있으므로 선호하지 않는다는 것에 유념하여 답해야 한다.

⑥ 근무지가 지방인데 근무가 가능합니까?

근무지가 지방 중에서도 특정 지역은 되고 다른 지역은 안 된다는 답변은 바람직하지 않다. 직장에서는 순환 근무라는 것이 있으므로 처음에 지방에서 근무를 시작했다고 해서 계속 지방에만 있는 것은 아님을 유의하고 답변하도록 한다.

02 면접기출

1 한국수목관리원 면접기출

① 1분간 자기소개를 해 보시오.

② 우리 관리원에 지원한 동기는 무엇입니까?

③ 우리 관리원에 대해 아는 대로 말해 보시오.

④ 백두대간수목에 가본 경험이 있다면 말해 보시오.

⑤ 직접 키워본 식물과 그 식물의 학명을 말해 보시오.

⑥ 가장 힘들었던 경험에 대해 말해 보시오.

⑦ 갈등 상황을 주도적으로 나서서 해결했던 경험에 대해 말해 보시오.

⑧ 면접을 기다리면서 무슨 생각을 했습니까?

⑨ 상사가 퇴근 시간이 다 되어서 업무를 주었다면 어떻게 처리할 것인지 말해 보시오.

⑩ 좌우명이나 신조가 있다면 말해 보시오.

⑪ 입사 후 해보고 싶은 업무나 연구가 있다면 무엇입니까?

⑫ 주말 회사 동호회 활동에 대해 어떻게 생각합니까?

⑬ 현재 하고 있는 자기계발이 있다면 무엇이고 그 이유는 무엇입니까?

⑭ 워라벨에 대한 자신의 견해를 말해 보시오.

⑮ 지원한 직무에서 어떻게 역량을 발휘할 생각입니까?

⑯ 비전공자로서 지원한 직무에 어떻게 기여할 수 있을지 말해 보시오.

⑰ 업무 도중 상사와 갈등이 생겼을 때 어떻게 대처할 것인지 말해 보시오.

⑱ 우리나라에 서식하는 참나무속은 무엇이 있는지 6종 이상 말해 보시오.

⑲ 멸종위기종의 종류를 한 가지 말하고, 그 종의 번식방법에 대해 설명해 보시오.

⑳ 최근 개정된 산림법과 관련하여 우리 관리원의 대응방안을 제시해 보시오. (토론)

2 공기업 면접기출

① 상사가 부정한 일로 자신의 이득을 취하고 있다. 이를 인지하게 되었을 때 자신이라면 어떻게 행동할 것인가?

② 본인이 했던 일 중 가장 창의적이었다고 생각하는 경험에 대해 말해보시오.

③ 직장 생활 중 적성에 맞지 않는다고 느낀다면 다른 일을 찾을 것인가? 아니면 참고 견뎌 내겠는가?

④ 자신만의 특별한 취미가 있는가? 그것을 업무에서 활용할 수 있다고 생각하는가?

⑤ 면접을 보러 가는 길인데 신호등이 빨간불이다. 시간이 매우 촉박한 상황인데, 무단횡단을 할 것인가?

⑥ 원하는 직무에 배치 받지 못할 경우 어떻게 행동할 것인가?

⑦ 상사와 종교·정치에 대한 대화를 하던 중 본인의 생각과 크게 다른 경우 어떻게 하겠는가?

⑧ 타인과 차별화 될 수 있는 자신만의 장점 및 역량은 무엇인가?

⑨ 자격증을 한 번에 몰아서 취득했는데 힘들지 않았는가?

⑩ 오늘 경제신문 첫 면의 기사에 대해 브리핑 해보시오.

⑪ 무상급식 전국실시에 대한 본인의 의견을 말하시오.

⑫ 타인과 차별화 될 수 있는 자신만의 장점 및 역량은 무엇인가?

⑬ 외국인 노동자와 비정규직에 대한 자신의 의견을 말해보시오.

⑭ 장래에 자녀를 낳는다면 주말 계획은 자녀와 자신 중 어느 쪽에 맞춰서 할 것인가?

⑮ 공사 진행과 관련하여 민원인과의 마찰이 생기면 어떻게 대응하겠는가?

⑯ 직장 상사가 나보다 다섯 살 이상 어리면 어떤 기분이 들겠는가?

⑰ 현재 심각한 취업난인 반면 중소기업은 인력이 부족하다는데 어떻게 생각하는가?

⑱ 영어 자기소개, 영어 입사동기

⑲ 지방이나 오지 근무에 대해서 어떻게 생각하는가?

⑳ 상사에게 부당한 지시를 받으면 어떻게 행동하겠는가?

㉑ 최근 주의 깊게 본 시사 이슈는 무엇인가?

㉒ 자신만의 스트레스 해소법이 있다면 말해보시오.

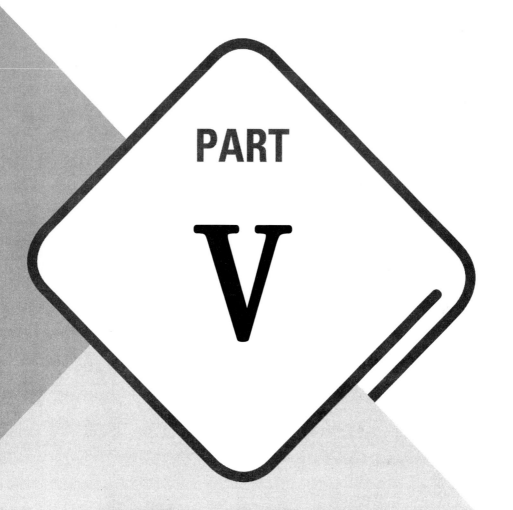

PART

V

부록 – 직무상식

전시직 직무상식 기출복원

부록 〉 전시직 직무상식 기출복원

1 우리나라 국화인 무궁화의 학명으로 옳은 것은?

① Pharbitis nil

② Rosa hybrida Hortorum

③ Forsythia koreana

④ Hibiscus syriacus

Tip ① 나팔꽃 ② 장미 ③ 개나리

2 우리나라 주요 수종 중 개화시기가 가장 늦은 것은?

① 소나무

② 구상나무

③ 음나무

④ 버드나무

Tip ③ 음나무 : 7~8월
① 소나무 : 5월
② 구상나무 : 5~6월
④ 버드나무 : 3~4월

3 팔만대장경판을 만드는 데 소요된 나무 중 가장 많은 양을 차지하는 나무는?

① 자작나무

② 산벚나무

③ 돌배나무

④ 사시나무

Tip 팔만대장경판을 만드는 데 가장 많이 사용된 나무는 산벚나무로 60% 이상을 차지하며, 돌배나무, 거제수나무 등이 그 뒤를 잇는다.

4 다음 중 환경부 멸종위기 야생식물 1급으로 지정된 식물이 아닌 것은?

① 광릉요강꽃   ② 금자란

③ 섬개야광나무   ④ 암매

 환경부에서 멸종위기 야생식물 1급으로 지정한 식물은 총 11종으로, 광릉요강꽃, 금자란, 나도풍란, 만년콩, 비자란, 암매, 죽백란, 털복주머니란, 풍란, 한라솜다리, 한란이다. ③ 섬개야광나무는 2급으로 지정되었다.

5 다음 중 채종원에 대한 설명으로 가장 옳은 것은?

① 동일 수종의 임분으로부터 500m 이상 떨어져 있어야 한다.

② 채종원 내 수목의 수고에 대한 조절은 할 필요가 없다.

③ 기계화 작업을 고려할 때 경사지에 조성하는 것이 좋다.

④ 채종원 내 시비는 필요 없다.

 ② 수령이 증가하면 수관 하부의 결과지는 수광량 부족으로 고사되며 화분의 밀도가 위치에 따라 균일하지 못하여 종자 품질이 떨어지는 등 문제가 발생하므로 적절한 채종목의 수형 조절이 필요하다.
③ 기계화 작업을 고려할 때 평지 또는 완경사지에 조성하는 것이 좋다.
④ 채종원의 비옥도는 종자 생산량에 직접적인 영향을 주게 되므로 충분한 시비가 필요하다.

6 한란의 개화시기는 언제인가?

① 4~5월   ② 6~7월

③ 9~10월   ④ 12~1월

 난초과 식물인 한란은 제주도 및 남해 도서지역의 상록수림 아래에 자라는 상록성 여러해살이풀로 12~1월에 개화한다.

Answer 1.④   2.③   3.②   4.③   5.①   6.④

7 산불에 대한 설명으로 옳지 않은 것은?

① 산불피해지의 토양은 지표유하수량이 증대되어 물에 의한 침식이 격화된다.

② 방화선은 산림구획선, 도로, 능선, 하천 등을 이용한다.

③ 녹나무와 구실잣밤나무는 내화력이 약한 상록활엽수이다.

④ 지표화가 발생하면 바람이 불어오는 쪽의 수간하부수피가 주로 그을리게 된다.

 지표화가 발생할 경우, 바람이 불어오는 쪽의 수간하부는 직접적인 화재피해를 입으며, 반대편의 수피는 그을리게 된다.

8 다음 중 연꽃의 이명(異名)이 아닌 것은?

① 연화   ② 수단화

③ 부용   ④ 수련

 흔히 혼동하기 쉬운 연꽃(연꽃과)과 수련(수련과)은 서로 다른 식물이다. 연꽃의 이명으로는 연화, 부용, 빙단, 옥배, 수단화 등이 있다.

9 「수목원·정원의 조성 및 진흥에 관한 법률」에 따른 정원의 종류가 아닌 것은?

① 국가정원   ② 지방정원

③ 기업정원   ④ 공동체정원

 정원의 구분〈「수목원·정원의 조성 및 진흥에 관한 법률」 제4조(수목원 및 정원의 구분) 제2호〉
㉠ 국가정원 : 국가가 조성·운영하는 정원
㉡ 지방정원 : 지방자치단체가 조성·운영하는 정원
㉢ 민간정원 : 법인·단체 또는 개인이 조성·운영하는 정원
㉣ 공동체정원 : 국가 또는 지방자치단체와 법인, 마을·공동주택 또는 일정지역 주민들이 결성한 단체 등이 공동으로 조성·운영하는 정원

10 다음에 제시된 식물을 개화시기가 빠른 순서대로 바르게 나열한 것은? (단, 1월을 기준으로 한다)

> ㉠ 맥문동   ㉡ 구절초
> ㉢ 해바라기   ㉣ 동백

① ㉠ - ㉡ - ㉢ - ㉣   ② ㉠ - ㉣ - ㉡ - ㉢

③ ㉣ - ㉢ - ㉠ - ㉡   ④ ㉣ - ㉠ - ㉢ - ㉡

 ㉠ 맥문동 : 5~8월
㉡ 구절초 : 9~11월
㉢ 해바라기 : 8~9월
㉣ 동백 : 1~4월

11 다음 중 도시숲의 특징으로 옳지 않은 것은?

① 도시민들의 위락활동과 건강증진을 위한 필수적인 장이기 때문에 접근성이 좋아야 한다.

② 비교적 다른 사람들과의 공동이용이 불가피하여 소비의 비배타성을 가진다.

③ 이용대가를 지불하지 않은 사람들을 배제하기 쉬운 재화이다.

④ 도시숲은 그 형태와 질에 크게 좌우되어 기능을 발휘한다.

 ③ 도시숲은 이용대가를 지불하지 않은 사람들을 배제하기 어려운 비배제성을 가진 공공재화이다.

12 느티나무의 학명으로 옳은 것은?

① Zelkova serrata   ② Acer palmatum

③ Juglans regia   ④ Machilus thunbergii

 ② 단풍나무   ③ 호두나무   ④ 후박나무

Answer → 7.④   8.④   9.③   10.④   11.③   12.①

13 코르크 마개의 재료로 사용되는 것은?

① 상수리나무   ② 굴참나무

③ 떡갈나무   ④ 신갈나무

> (Tip) 굴참나무는 수피의 코르크질이 두껍게 발달하여 코르크 마개 재료로 이용된다.

14 다음 빈칸에 들어갈 산으로 적절한 것은?

> 백두대간은 북한의 백두산에서 남한의 (   )까지 한반도의 남북으로 이어지는 긴 산줄기이다.

① 태백산   ② 지리산

③ 소백산   ④ 한라산

> (Tip) 백두대간은 북한의 백두산에서 남한의 지리산까지 한반도의 남북으로 이어지는 긴 산줄기이다.

15 우리나라에 서식하는 참나무목이 아닌 것은?

① 서어나무   ② 오리나무

③ 사스래나무   ④ 티크나무

> (Tip) ④ 티크나무는 통화식물목으로 주 분포지역은 인도, 미얀마, 타이, 인도네시아 등이다.

16 다음 중 잎보다 꽃이 먼저 피는 식물들로 바르게 묶인 것은?

① 산수유, 진달래, 목련   ② 굴참나무, 철쭉, 생강나무

③ 산수유, 개나리, 고로쇠나무   ④ 목련, 함박꽃나무, 왕벚나무

> (Tip) 잎보다 꽃이 먼저 피는 식물로는 목련, 산수유, 진달래, 벚나무 등이 있다.

17 다음 중 Abies속의 수종으로 옳지 않은 것은?

① 종비나무 ② 전나무
③ 구상나무 ④ 분비나무

 전나무속 수종으로는 전나무, 분비나무, 구상나무가 있으며 종비나무는 가문비나무속에 해당한다.

18 도시환경림에 대한 설명으로 옳지 않은 것은?

① 최소한 25m 이상의 폭을 가진 수림대가 있어야 소음이 감소되기 시작한다.
② 침엽수가 활엽수에 비해 공해에 내성이 강한 것이 일반적이다.
③ 환경보전림은 오염된 자연환경에 대한 개선이 필요한 지역 안에 조성되는 숲이다.
④ 분진방지림의 가장자리는 밀도를 낮게 식재하여 임내로 바람이 잘 통하게 해야 한다.

 ② 활엽수가 침엽수에 비해 공해에 내성이 강한 것이 일반적이며 특히 은행나무, 단풍나무 등이 공해에 강하다.

19 우리나라의 대표적인 수종인 소나무에 대한 설명으로 옳지 않은 것은?

① 자웅동주, 양성화이고 1년생으로 상체한다.
② 구과는 개화한 해에 거의 자라지 않고 다음 해 5~6월경에 자라서 수정하며 2년째 가을에 성숙한다.
③ 종자는 용기에 넣어 냉소에 보관하고, 파종 전에 냉수침적 하면 발아가 촉진된다.
④ 솔잎혹파리, 소나무재선충 등 각종 해충의 피해를 받는다.

 ① 소나무는 자웅동주, 단성화이고 1년생으로 상체한다.

Answer 13.② 14.② 15.④ 16.① 17.① 18.② 19.①

20 계절별 테마공원을 조성하여 꽃 축제를 기획한다고 할 때, 봄부터 겨울까지 꽃을 순서대로 나열한 것은?

① 애기동백 – 튤립 – 장미 – 국화
② 산수유 – 무궁화 – 구절초 – 애기동백
③ 벚꽃 – 국화 – 튤립 – 애기동백
④ 장미 – 구절초 – 백합 – 국화

(Tip) 산수유(3~4월), 무궁화(7~10월), 구절초(9~11월), 애기동백(10~12월)

Answer ⌐→ 20.②

M·E·M·O

M · E · M · O

서원각이 취업을 찢었다!

봉투모의고사 **찐!5회** 횟수로 플렉스해 버렸지 뭐야 ~

국민건강보험공단 봉투모의고사(행정직/기술직)

국민건강보험공단 봉투모의고사(요양직)

합격을 위한 준비
서원각 온라인강의

요점만 담은
알짜이론

믿고보는
교수진

www.sojungedu.co.kr

공 무 원	자 격 증	취 업	부사관/장교
9급공무원	건강운동관리사	NCS코레일	육군부사관
9급기술직	관광통역안내사	공사공단 전기일반	육해공군 국사(근현대사)
사회복지직	사회복지사 1급		공군장교 필기시험
운전직	사회조사분석사		
계리직	임상심리사 2급		
	텔레마케팅관리사		
	소방설비기사		